巴黎甜點師Ying
的私房尋味

甜點咖啡、潮流美食，
推薦給巴黎初心者的16條最佳散步路線

作者／Ying C.

一位 insider 的巴黎散步指南

我認識Ying時,她還在巴黎甜點名店「Carl Marletti」實習。她畢業於巴黎斐杭迪高等廚藝學校(Ferrandi),後至巴黎的知名甜點店、高級餐廳、五星旅館工作,不僅學習到正統的法式甜點技藝,也結識了一票同在法國學習烘焙、廚藝的台灣友人。她的這些朋友們,有好幾位已經返回台灣自立開店,她卻決心掉頭,走上一條鑑賞、教學、傳達知識的道路。

在《巴黎甜點師Ying的私房尋味》問世前,Ying先在BIOS Monthly發表了一系列法式甜點鑑賞的文章,由於她具備甜點製作的專業技術,也擁有豐富的甜點品嘗經驗,這系列文章寫得鞭辟入裡,呈現好多一位insider才說得出來的觀點,我每每聚精會神地讀,想記住文章裡的大量知識。

我閱讀《巴黎甜點師Ying的私房尋味》也有類似的感受,即便這是一部輕鬆曼妙、洋溢巴黎之美的作品,我還是聚精會神地讀,因為每間店都讓我恨不得跳進書裡就地體驗!Ying完全不藏私,把她在巴黎生活所鍾愛的甜點店、咖啡店、餐廳從口袋裡掏出來,其中有經典老鋪,也有近一、二年才開設的人氣店家,搭配Ying獨具美感的照片,每一間都看起來好有品味、好有格調;Ying也在介紹店家背景時融入大量巴黎餐飲業的資訊,誰是甜點名師、誰是精品咖啡的領頭羊,在此清清楚楚。

Ying對自己要求很高,對這本書的細節也肯定再三較真。跟著她去巴黎散步,錯不了的!

美食家的自學之路 Liz 高琹雯

跟著 Ying 的文字，走進巴黎

和Ying一開始的接觸其實來自於instagram上的追蹤，彼時雖然還不認識她，但一幀幀構圖精巧的巴黎景致與深度推坑的甜點照片成了最初的難忘印象。直到今年四月透過Liz（「美食家自學之路」格主）的牽線，以編輯和作者的關係開始定期專欄合作，這才真正認識了她。我們初步討論了專欄方向鎖定在「法式甜點」的基本元素介紹與迷思的破除，其間穿插一系列甜點大師的故事，希望在台灣市場上題材與風格已經相當多元的甜點書寫中，拉出一條不同的軸線。

特別提起這段是因為當初收到Ying提供的專欄企劃時非常驚艷：脈絡俱足、非常完整的一系列規劃，從大方向的說明、每一篇文章的內容概述、文章與文章之間的關聯、到縝密精確的出刊排程，雖然這樣說來有些不好意思，但Ying自身除了創作者之外的編輯身分（她同時也是「荷事生非」網站的責任編輯）和學養，讓她對於素材的處理較一般寫作者多了整體性思考的自覺，也讓擔任專欄編輯的我省下不少溝通與重新規劃的工夫，合作起來相當愉快。

另一點讓我印象深刻的是，由於這一系列介紹甜點的文章無論歷史知識或實作經驗都是密度厚實的內容，這在一般網路閱讀習慣上並不算討喜的類型，因此文章寫就後她特別在意讀者是否能完整吸收。一般作者向編輯詢問文章迴響時在意的多是熱絡程度（或謂瀏覽數字），Ying所考量的卻更多在於傳達內容對非甜點專業的讀者而言有沒有需要補充或修正的細節，希望能讓這一系列文章不只是某種專業權威的展示（或炫技），藉由貼近讀者的理解來改變法式甜點在臺灣飲食文化中的刻板與錯誤印象。這就是我所認識的Ying，認真看待自己的專業，樂於分享並希望藉此帶來正面影響。

回到這本新書，《巴黎甜點師Ying的私房尋味》是Ying這些年在學藝與工作之餘寫下的「散步百科全書」，秉持著同樣的嚴謹精神寫作，詳實的資料與考究讓這本書不見得是一般讀者所期望、可以輕鬆看過去的旅遊指南，但循線閱讀，放慢速度，你終會看見不一樣的、擁有深厚底蘊的巴黎印象。

BIOS Monthly 總編輯　溫為翔

遇見・巴黎

2012 年春天，在荷蘭烏特列茲大學（Utrecht University）的碩士班課程進入最後階段，我戰戰兢兢地做了一個決定：到巴黎學甜點。那時候雖然執意說服了爸媽、也得到所有朋友的支持，但其實一直以來內心最迷惘的是我自己。在完全不清楚接下來人生道路會往哪裡開展的狀態下，我在當年八月抵達了巴黎。

剛到巴黎的時候其實非常不習慣，覺得這個城市冷漠、髒亂，人人看起來都心事重重，和荷蘭人的開放、樂觀完全不一樣。因為語言的障礙，也難以和當地人交流。沒想到後來發現甜點似乎真的是我的本命，即使實習與工作再辛苦，也沒有放棄繼續在這個行業努力；對巴黎縱有諸多怨言，繞了一圈最後還是回到這裡。後來很幸運的換到一個喜歡的工作環境、加上工時縮短，終於有餘力可以停下腳步看看這個城市；同時法語進步了、與當地人溝通無礙，才真正開始享受巴黎生活。再後來因為 Instagram 的關係，認識了非常多當地的朋友、更因為拍照的需要，走遍巴黎的大街小巷，從我不認識巴黎、巴黎也不認識我的狀態，終於能夠互相理解欣賞、找到安放自己的空間，這都是幾年前完全沒有辦法想像得到的。

正因為在巴黎經歷了各式各樣人生的轉捩點、簡直像壓縮了整個青春期直到出社會全部重新再活一遍，這個城市對我的意義也非比尋常。能夠有機會將這幾年的巴黎生活記錄下來，和大家分享自己對甜點、對巴黎的熱愛，真的非常幸運。

能夠完成這本書，除了父母與家人（特別是一路給我各種專業建議及心靈諮商的表姐），也真的要謝謝身邊那些永遠能在情感、心靈、智識，以及實際生活上給我種種支持的朋友。不管是在甜點廚房中遇到種種挑戰、在生活中遇到各種疑難雜症、對人生與自我價值有各種質疑與幻滅、甚至到書要完稿前還在拚命找照片的時刻，謝謝你們，不管是在世界的哪一個角落，對我的求救訊號從來都沒有遲疑。另外也想特別謝謝三友圖書的編輯部對我的信任、以及專業的工作水準，非常高興可以和你們一起推出這本書！

最後衷心希望這本書能和大家分享的，不僅僅是一間間可愛美麗的店家、也不只是一本能夠按圖索驥的旅遊導覽書，而是對世界、對不同於自己的文化與人，能夠保持好奇心，不預設成見、敞開心胸的態度，這也是我這幾年在歐洲生活中得到最寶貴的收穫。

ying C.

CONTENTS
目 次

18 Chapter 1
甜進心坎的左岸六七區

78

Chapter 2
啡香四溢的巴士底－共和國廣場

150

Chapter 3
號稱「巴黎之胃」的Les Halles

178

Chapter 4

如詩如畫的聖馬丁運河

經典法式甜點介紹

當初決定選擇要學甜點的時候，幾乎沒有猶豫就直接決定要到法國，而且要到巴黎。沒有別的原因，因為法式甜點自從Catherine de Médicis❶嫁到法國，並將她優異的甜點師從佛羅倫斯帶來，發明了冰淇淋、雪酪、泡芙、馬卡龍等、造成法國美食界的大革命後，再經過數百年在宮廷的發展，其精緻程度是其他國家的甜點工藝難以比擬的。本世紀初期，Pierre Hermé❷、Philppe Conticini❸，以及Christophe Felder❹等才華洋溢的大師輩出，到Christophe Adam❺、Christophe Michalak❻、Cédric Grolet❼等人人皆知的明星甜點主廚在各類媒體上出盡風頭，法式甜點又經過一波現代化的潮流。巴黎的甜點甚至自成一格。由於大部分知名的主廚、甜點店、飯店等都集中在首都，彼此之間的交流與競爭更為頻繁，因此這裡的甜點相較法國其他城市更為精緻，不論技術或創意都走在世界最前端。

到了巴黎、進了學校學習甜點，自然是從最經典的學起，然而後來自己出了校門、實習再加上四處探險，才發現這些所謂的「經典甜點」，其實巴黎也很少每家店都樣樣齊全。即使有，也多半經過甜點師的創意發想、重新設計呈現。這些經典的甜點，在不同的店家、不同甜點師的巧手下展現的不同面貌，為我的甜點生活帶來很多樂趣。以下和大家介紹幾樣知名的經典法式甜點，作為進入花都甜點迷宮前的前導。除了它們以外，巴黎還有更多創新、變化豐富、每一家都不同的法式蛋糕❽，別忘了也花點時間欣賞與品味！

la tarte au citron檸檬塔

塔類產品是法式甜點中一個重要的類別，包括檸檬塔、巧克力塔、水果塔等等，只要更換內餡或裝飾方式，就可以有各式各樣令人驚喜的變化。檸檬塔雖然構造非常簡單，只有塔皮與檸檬奶餡，有時再加上蛋白霜，但因為它酸甜清新的滋味，始終人氣不墜。有時會有店家以其他柑橘類水果做變化，近年來巴黎因為柚子當紅，也出現柚子塔的蹤影。

推薦店家： Jacques Génin（P.41、P116）、pâtisserie Sadaharu AOKI Paris（柚子塔，P.26）、Carl Marletti❾

la tarte tatin 翻轉蘋果塔

翻轉蘋果塔的誕生，是甜點史中最美麗的錯誤之一。在Lamotte-Beuvron經營Hôtel Tatin的Stéphanie與Caroline Tatin姊妹倆，由Stéphanie負責烹飪。某天忙中有錯，一種說法是煮了蘋果卻忘了先在塔盤中放塔皮、也有說是為了拯救煮焦的蘋果而急忙蓋上塔皮、再放入烤箱烘烤至表層酥脆，無論是哪一種，最終的成品都大受歡迎。翻轉蘋果塔雖然是法式甜點的經典、也是許多人一提到法式甜點就會想到的一品，但意外地在巴黎很少有店家在製作。原因大概是這原本是屬於餐廳類的甜點❿，較適合剛烤好熱熱吃，因而一般甜點店很少販售。而在各式各樣更繁複時尚的盤式甜點⓫出現之後，翻轉蘋果塔就逐漸退燒、形象也變得較為傳統，除非是主廚有意將傳統重新創作，否則在提供高級甜點（haute pâtisserie）的豪華旅館飯店與餐廳都比較少見，僅偶爾會在一般傳統的小酒館與餐館的菜單中出現。

推薦店家： Bread & Roses（P.27）、Blé Sucré⓬

---

1. Carl Marletti的巴黎冠軍檸檬塔。／2. 我在家自己試做的翻轉蘋果塔。

le millefeuille千層派

酥脆的千層派皮（feuilletage）夾著香醇的甜點師奶醬（crème pâtissière）❸、而且疊了兩層，很少有人可以抗拒它的魅力。為什麼說是千層呢？原因是製作千層派皮時以一層奶油、一層麵團的酥皮摺成三疊、然後重複六次，最後理論上可以得到三的六次方，也就是七百二十九層、接近千層的細緻派皮。千層派的製作需在派皮反覆摺疊擀平時，每一層的麵皮與奶油依然分佈均勻、且操作時對派皮溫度的控制得宜，才可能在烘烤過後仍能平整漂亮。傳統的千層派皮頂端是以翻糖糖霜（fondant）做裝飾，現在在巴黎已非常罕見。如今多半是在烘烤時撒上糖粉、讓派皮充足的焦糖化後維持自然的酥脆度與亮度。將千層派橫躺、上面再以奶醬擠花裝飾則是最近流行的變化。

推薦店家：Carl Marletti, Jacques Génin（P.41、P.116）, Pierre Hermé（P.54、P.76）

le mont-blanc蒙布朗

秋天一到，公園裡鋪滿了金黃色的落葉，巴黎的甜點店就紛紛開始推出蒙布朗。這個經典的法式甜點是由蛋白霜、香緹鮮奶油、擠成細條狀的糖漬栗子泥與糖漬栗子所組成。通常糖漬栗子泥上面還會撒滿細細的白色糖粉，讓整個甜點看起來像是覆雪的白朗峰（Mont Blanc）山頭。原始的版本裡，蛋白霜是整個甜點的底座，但現在經過許多甜點師重新設計，許多時候會改成裝飾在外面、也會加入其他元素以變化口感。目前最常見的是加入藍莓與黑醋栗，以清新的果酸平衡整體的甜味。

推薦店家：Angelina（P.40）, Pierre Hermé（P.54、P.76）, Des Gâteaux et du Pain（P.36、P.76）, Mori Yoshida（P.74）

---

1. Jacques Génin出名的酥脆原味千層派。／**2.** 在Ferrandi上課時製作的千層派。
3. Des Gâteaux et du Pain的創新蒙布朗。／**4.** Mori Yoshida的蒙布朗，底部使用中東甜點常用的filo酥皮，相當特殊。

l'opéra歌劇院蛋糕

三層充滿著咖啡香與酒香的法式杏仁海綿蛋糕（biscuit joconde）夾著咖啡奶油霜（crème au beurre au café）與黑巧克力甘納許（ganache au chocolat noir）、再加上閃亮亮的黑巧克力鏡面（glaçage au chocolat noir）與畫龍點睛的金箔，這就是低調華麗的歌劇院蛋糕（Opéra）。歌劇院蛋糕的發明眾說紛紜，其中最廣為人知的說法，是1960年代由老店Dalloyau的甜點師Cyriaque Gavillon發明、再由他的太太Andrée Gavillon命名。得名的說法也有兩種，一是因其方正的外觀狀似巴黎加尼葉歌劇院（Palais Garnier, Opéra national de Paris）的舞台、二則是為了向一位經常來店裡光顧的歌劇院舞者致意。另一法國甜點大師Gaston Lenôtre🄯也曾宣稱他才是歌劇院蛋糕的發明者。不論真相如何，這個蛋糕都是最知名的法式蛋糕之一，但儘管如此，可能由於太過傳統，現在巴黎僅有非常少的甜點店在販售。

推薦店家：Dalloyau、Lenôtre

le fraisier法式草莓蛋糕

和台灣人習慣的日式草莓蛋糕很不一樣，法式草莓蛋糕是由兩片傑諾瓦思海綿蛋糕（génoise）🄯夾上濃郁的慕斯林奶餡（crème mousseline）🄯及新鮮草莓製作而成。傳統上還會以染色的杏仁膏（pâte d'amandes）覆蓋在蛋糕頂端做裝飾。每到五月法國的草莓季，巴黎街頭的各個甜點店家就會開始爭相推出自己的草莓蛋糕。新鮮豔紅的草莓夾在淡黃色的奶餡中，宛如呼應了明媚的春光，非常賞心悅目。

推薦店家：Carl Marletti, Bread & Roses（P.27）

---

1. 在Ferrandi上課時製作的歌劇院蛋糕。
2. 在2014年巴黎最佳草莓蛋糕評選中拔得頭籌的Carl Marletti。

le macaron 馬卡龍

因其表層薄脆吹彈可破、內裡軟糯黏牙的口感，而被稱為「少女的酥胸」的馬卡龍，大概是台灣人最熟悉的法式甜點。馬卡龍最早只是以杏仁粉、糖粉與蛋白霜做成的小餅，外表樸實、尺寸也偏大，多虧了Ladurée將兩片蛋白霜餅染上粉彩的顏色 ⑰、再夾上混合鮮奶油與融化巧克力製成的甘納許夾心，從此創造出風靡全球的時尚形象。爾後大師Pierre Hermé將甜點工藝傾注於馬卡龍中，內餡融入鮮花、水果、各種風味的巧克力、香草等，再加上各種顏色漸層、裝飾的外殼，將馬卡龍提升到藝術品的境界，它也儼然成為法國形象的代表。

推薦店家：Pierre Hermé（P.54、P.76）、pâtisserie Sadaharu AOKI Paris（P.26）、Café Pouchkine（P.62）

les choux泡芙

由泡芙麵團製作出的甜點種類實在是多得不勝枚舉、而且每一種都還有自己的名字。分辨它們的關鍵在於形狀：圓形、上面撒了珍珠糖且沒有夾餡的叫做chouquette；長型的是éclair（閃電泡芙）；一個小圓球疊在大圓球上、加上糖霜與擠花看起來像是穿戴修女服飾的叫做religieuse（修女泡芙）；車輪狀、中間夾榛果奶油餡的，是為了紀念環法自行車賽而發明的Paris-Brest（巴黎－布列斯特泡芙）；而結合了千層派皮、圓形小泡芙、以及香緹鮮奶油的，則是以守護甜點師與麵包師的聖人為名的Saint Honoré（聖多諾黑泡芙）。台灣人熟悉的圓形泡芙、中間填香緹鮮奶油或甜點師奶醬的choux à la crème反而在巴黎較為少見。

推薦店家：l'Éclair de Génie（P.68），La Pâtisserie des Rêves（P.30）

1. Pierre Hermé最出名的馬卡龍。／2. Café Pouchkine的華麗馬卡龍。
3. l'Éclair de Génie的閃電泡芙。／4. Mori Yoshida的覆盆子開心果聖多諾黑泡芙。

註解

1 **Catherine de Médicis**：凱薩琳・梅蒂奇，1519年誕生於義大利佛羅倫斯貴族梅蒂奇世家，1533年被教皇叔父以政治聯姻嫁給後來的法國國王亨利二世。

2 **Pierre Hermé**：提到當代法式甜點不可能不提及的大師。他敏銳的味覺、美感、技巧開啟了現代法式甜點的新紀元。詳細介紹見第一章P.54。

3 **Philppe Conticini**：La Pâtisserie des Rêves的甜點主廚，是2003年甜點世界盃的法國隊教練、也是領導傳統法式甜點現代化（少糖、口感輕盈等）的重要人物，詳細介紹請見第一章P.30。

4 **Christophe Felder**：阿爾薩斯出身的甜點大師，出版近四十本食譜書，對現代法式盤式甜點（desserts à l'assiette）的創造有極大貢獻。2004年獲得法國藝術與文學騎士勳章（Chevalier de l'ordre national des Arts et des Lettres）、2010年再獲得法國國家榮譽騎士勳章（ Chevalier de l'ordre national du Mérite）。

5 **Christophe Adam**：Christophe Adam是繼Pierre Hermé與Sébastien Gaudard之後接管Fauchon食品集團的甜點主廚。他領導Fauchon走向世界、並將甜點與時尚結合。最為人知的創舉，便是將閃電泡芙的傳統形象大幅扭轉為時尚與潮流的代名詞。現為閃電泡芙專賣店l'Éclair de Génie的主廚與經營者。詳細介紹請見第一章P.68。

6 **Christophe Michalak**：法國最出名的明星甜點主廚，也是電視圈的寵兒。除了巴黎之外，工作經歷遍及倫敦、神戶、尼斯、紐約，也曾在大師養成班的Fauchon與Pierre Hermé工作過。2005年帶領法國隊得到世界甜點大賽冠軍（champion du monde de la pâtisserie），隨後至巴黎高級飯店Plaza Athénée（雅典娜飯店，裡面的餐廳Restaurant Alain Ducasse au Plaza Athénée目前屬於法國名廚Alain Ducasse集團，在2016年獲得米其林三星）擔任甜點主廚至2016年離開，全心投入建立個人品牌與甜點店。目前擔任France 2 甜點競賽節目《Qui Sera Le Prochain Grand Pâtissier? 》（《誰是下一位甜點大師？》） 評審，並擁有Michalak Masterclass（甜點學校與甜點店）與Pâtisserie Michalak Marais、Pâtisserie Michalak Saint-Germain-des-Prés 等三家店面。

7 **Cédric Grolet**：巴黎高級飯店Le Meurice（和Plaza Athénée一樣屬於Dorchester Collection集團，裡面的高級餐廳Restaurant Le Meurice Alain Ducasse同樣歸於Alain Ducasse旗下，在2016獲得米其林二星，此前為三星）的年輕天才甜點主廚，也是目前巴黎最紅、對全球甜點潮流最有影響力的甜點師。他以打發甘納許（le ganache monté）為主體創作的迷你仿真檸檬及其後一系列水果，是全球甜點師爭相模仿的對象。

8 **法式蛋糕**：「entremets」法式蛋糕是以一層蛋糕體（biscuits）為基底、慕斯與奶醬為主體，再加上鏡面淋醬（glaçage）以及巧克力、糖、水果、堅果等裝飾的蛋糕，和台灣人熟悉的、以海綿蛋糕為主體的蛋糕完全不同。

9 **Carl Marletti**：由前Café de la Paix（和平咖啡館）的主廚Carl Marletti先生在2007年開設的甜點店，也是我第一個實習的店家。位於Rue Censier上，面對漂亮的小公園與教堂，旁邊就是熱鬧的老街Rue Mouffetarde。這裡製作許多經典法式甜點，蛋糕櫃總是充滿著顏色繽紛、宛如珠寶的甜點們，是當地街坊熱愛的甜點店，週末尤其熱鬧。該店的檸檬塔獲2009年《Le Figaro》（費加洛日報）評選為巴黎最佳檸檬塔、法式草莓蛋糕則在2014年的巴黎最佳草莓蛋糕評選中拔得頭籌。其千層派及各種泡芙類產品都相當出名，連年在費加洛日報的各種評選榜上有名，如2016的巴黎最佳千層派也是由他們奪魁。代表作是紫羅蘭口味的聖多諾黑泡芙Lily Valley。地址：51 Rue Censier, 75005 Paris。

10 **餐廳類的甜點**：甜點店（boutiques）、餐廳（restaurants）與飯店旅館（hôtels）因應營業性質的不同，所提供的甜點類型也不相同。舉例說明，在甜點店中賣出的甜點，必須要能夠存放至少一天，但在餐廳與飯店所提供的餐後甜點，則可以在出餐前一刻製作，因此可以使用更多類型的甜點元素做變化，例如冰淇淋、果汁、英式奶醬（crème anglaise）等。烤完後必須要立刻品嘗、否則就會塌掉的舒芙蕾（soufflé），便是一個很好的例子，它只能存在於餐廳或飯店，不會在甜點店中販售。

11 **盤式甜點**：承上，desserts à l'assiette（盤式甜點）也是一個在餐廳與飯店旅館才能發展出的甜點類別。因為和菜餚相同，能夠擺在盤中呈現，所以整個盤子都可以是甜點表現的空間、如同畫布一般。盤式甜點並非只是將甜點店販賣的單個甜點擺在盤中、再隨意加上裝飾，而是甜點師經過縝密思考、配合食器本身，一起呈現的完整作品。

12 **Blé Sucré**：位於十二區Ledru-Rollin地鐵站附近的一個漂亮小公園旁邊，是個傳統的麵包甜點店，中午也賣三明治等鹹食。它最富盛名的甜點，便是以整個蘋果形狀呈現的翻轉蘋果塔、以及使用檸檬糖霜浸漬、全巴黎最好吃的瑪德蓮。 地址：7 Rue Antoine Vollon, 75012 Paris, France。

13 **甜點師奶醬**（crème pâtissière）：即台灣人慣稱的「卡士達醬」。

14 **Gaston Lenôtre**：法國甜點大師，是世界上第一個開設連鎖店販賣高級甜點的主廚，也是知名甜點學校Lenôtre的創辦人。他是Pierre Hermé的恩師，後者的甜點師生涯，便是從十四歲時跟隨Gaston Lenôtre、擔任他的學徒開始的。

15 **傑諾瓦思海綿蛋糕**（génoise）：由全蛋打發製作而成的海綿蛋糕。

16 **慕斯林奶餡**（crème mousseline）：混合甜點師奶醬與軟化奶油、並以櫻桃白蘭地提味的奶餡。

17 **馬卡龍的顏色**：除了極少數例外，幾乎所有馬卡龍外殼的顏色，都是以食用色素染色而成。因此，馬卡龍的外殼吃起來只有杏仁粉的香氣，其味道變化主要來自於中間夾的甘納許或果醬。另外，馬卡龍的最佳品嘗時機並不是剛剛烤好、組裝完成時，通常需要冷藏一至兩天，待蛋白霜製成的外殼中心回軟，才會有黏牙的口感、此時外殼與內餡的搭配也才會平衡。

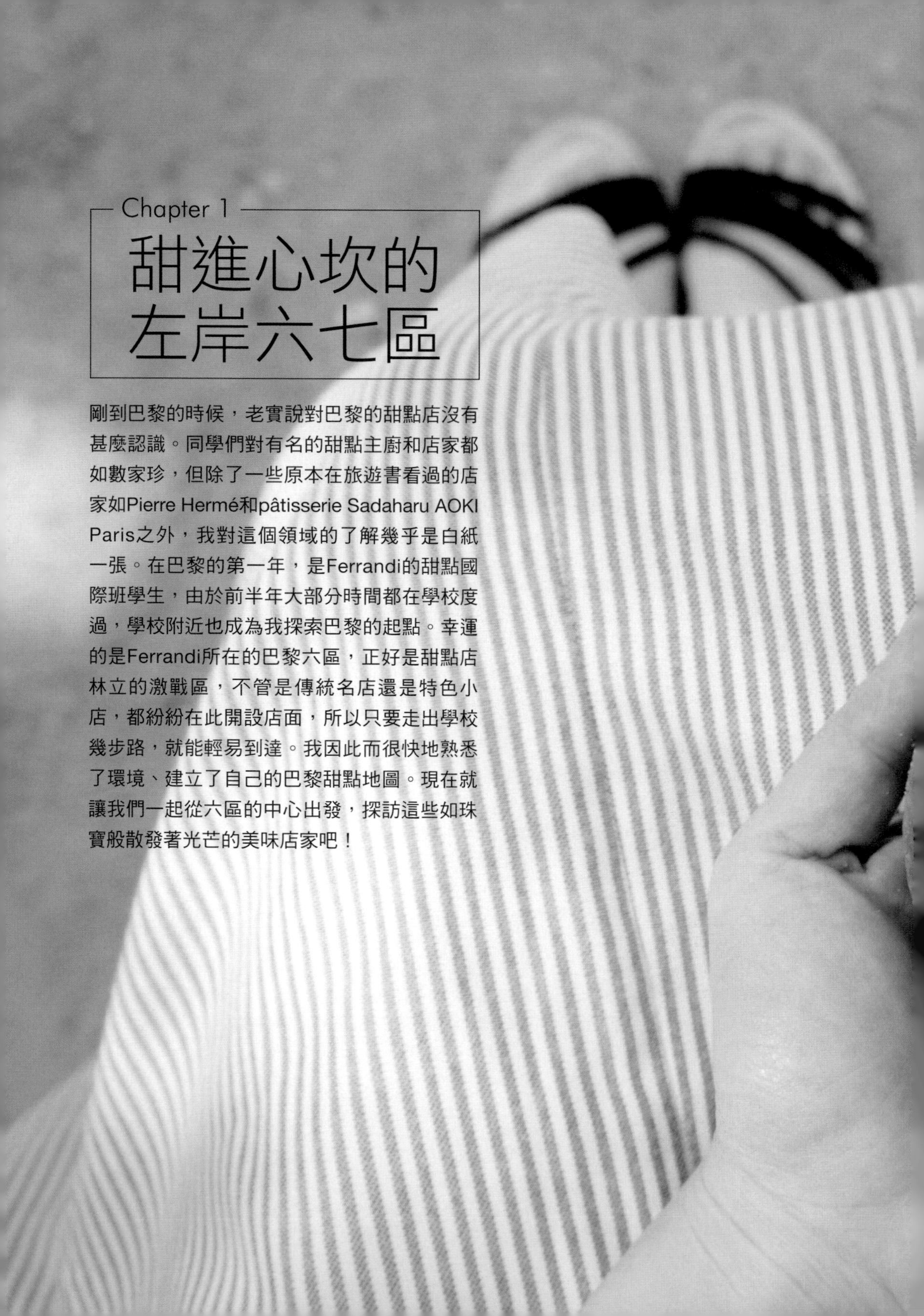

Chapter 1

甜進心坎的左岸六七區

剛到巴黎的時候，老實說對巴黎的甜點店沒有甚麼認識。同學們對有名的甜點主廚和店家都如數家珍，但除了一些原本在旅遊書看過的店家如Pierre Hermé和pâtisserie Sadaharu AOKI Paris之外，我對這個領域的了解幾乎是白紙一張。在巴黎的第一年，是Ferrandi的甜點國際班學生，由於前半年大部分時間都在學校度過，學校附近也成為我探索巴黎的起點。幸運的是Ferrandi所在的巴黎六區，正好是甜點店林立的激戰區，不管是傳統名店還是特色小店，都紛紛在此開設店面，所以只要走出學校幾步路，就能輕易到達。我因此而很快地熟悉了環境、建立了自己的巴黎甜點地圖。現在就讓我們一起從六區的中心出發，探訪這些如珠寶般散發著光芒的美味店家吧！

01

盧森堡公園旁的溫暖印象

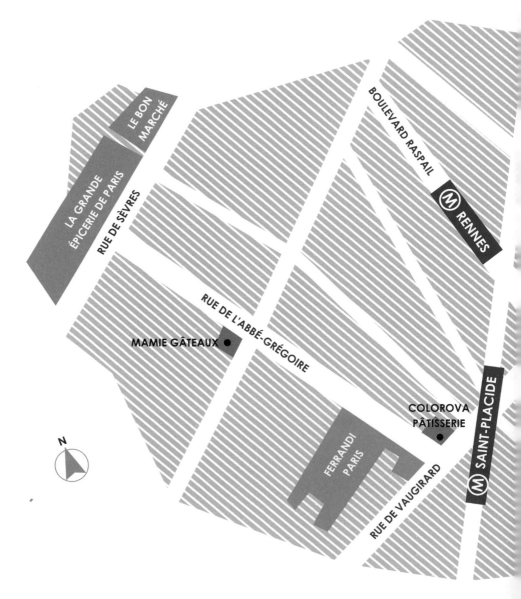

LE BON MARCHÉ

LA GRANDE ÉPICERIE DE PARIS

RUE DE SÈVRES

BOULEVARD RASPAIL

Ⓜ RENNES

RUE DE L'ABBÉ-GRÉGOIRE

MAMIE GÂTEAUX ●

COLOROVA PÂTISSERIE ●

FERRANDI PARIS

SAINT-PLACIDE

Ⓜ SAINT-PLACIDE

RUE DE VAUGIRARD

N

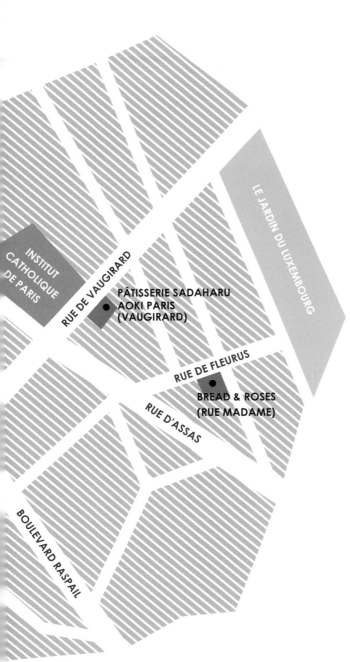

從Ferrandi❶對面的甜點店Colorova開始，不管是沿著安靜的Rue de l'Abbé-Grégoire往下走到Mamie Gâteaux、然後再往下可以到達Le Bon Marché蓬馬歇百貨公司，直接接路線2（P.28）、還是沿著Rue Vaugirard往盧森堡公園方向一路散步過去，一路上有好幾家有特色的甜點店可以選擇，即使只是瀏覽甜點櫃，也非常賞心悅目。這一區是我甜點師生涯的起點，也形成了我對巴黎最初的印象，有各式各樣的回憶，所以每回在六區閒晃，經過這裡總是像回家一樣，感到特別親切。

註：1.Ferrandi Paris, l'école française de gastronomie斐杭迪高等廚藝學校，是巴黎最具盛名的廚藝學校之一，被稱為廚藝界的哈佛。Ferrandi高等廚藝學校原本是巴黎公會與商會的綜合工藝學院的一部份，但在2013年獨立成為一個學校。目前除了法國技職體系內的各種級別相關課程、以及相當於高中文憑的bac課程外，也有特別開放給國際學生、以英語授課的密集課程（Intensive Professional Programs），與各類短期廚藝相關課程。其中國際班的密集課程目前有法式甜點班與廚藝班，並預計在2017年2月推出法式麵包課程。密集課程包括五個月的學校訓練、以及三到六個月的實習。Ferrandi最出名、也最令人稱道的就是實作課程的扎實，以及含在課程中的實習安排。由於學校在業界相當出名、有眾多傑出校友，所以在學生實習的安排上也頗具優勢。一般而言，學生都能依照意願至知名的店家、餐廳、旅館等實習。

1

甜點界的俏皮現代
Colorova Pâtisserie

2012年8月剛剛到達巴黎，正準備在Ferrandi開始甜點冒險的時候，學校對面也悄悄地新開了一家低調卻令人忍不住探頭駐足的甜點店。Colorova的主廚Guillaume Gil以及店經理Charlotte Siles這對couple都是Ferrandi畢業的校友，分別經歷了五星級飯店與甜點名店、米其林餐廳的扎實訓練後，在母校的對面找到了一個空間，在自己專業生涯的起點處，再度展開精彩的下一章。

在對法式甜點、以及甜點店都認識不深的時候，Colorova最吸引我的是它的空間。以白色為主調的室內裝潢，配上大塊拼貼、顏色鮮明的椅子，透明玻璃的甜點櫃下方用了木製的基底、再加上復古的冰箱，許多設計靈感來自於Guillaume與Charlotte在突尼西亞、泰國旅行時的當地見聞，巧妙地揉合了傳統與現代，有著非常時髦的休閒感。我那時剛

剛從咖啡館文化盛行的荷蘭來到巴黎，很驚訝地發現，當時的巴黎幾乎沒有類似的地方能夠與朋友們放鬆享用飲料與點心。不僅沒有大家現在熟悉的精品咖啡店，90%以上的巴黎甜點店也僅提供外帶。如果要坐下來享用，選擇就僅有大飯店的下午茶、或是如Carette或Angelina之類的老牌甜點店。因此當初Colorova開幕的時候我相當興奮，因為它從裝潢到氣氛，都讓人覺得終於找到了一個令人安心且熟悉的空間。

和一般巴黎甜點店更不一樣的地方在於，Colorova有一個開放式的廚房。廚房的兩面都是透明的大窗，一面朝著Rue de l'Abbé-Grégoire的人行道、另一面則直接面對店內，窗戶一打開，裡面的甜點師就可以將完成的甜點直接放入甜點櫃中。因此不管是路過的行人、還是坐在店裡的客人，視線都會立刻被牢牢吸引住。

Colorova的甜點更新速度很快，每一次去都會有新的驚喜。主廚Guillaume喜歡當令水果、也樂於嘗試嶄新的元素，例如法國甜點少見的芝麻、番石榴、羅望子等。甜點的造型俐落、現代，還有一股俏皮感。這裡的鹹食也做得相當好，週間的午餐和週末的早午餐都很受歡迎。

Info

網　　頁｜https://www.facebook.com/Colorova75006/
電　　話｜+33 1 45 44 67 56
地　　址｜47 Rue de l'Abbé-Grégoire, 75006 Paris, France
地　　鐵｜Saint-Placide（4號線）
營業時間｜Tue-Sat：9h～18h／Sun：10h～18h
價　　位｜甜點：5～6€；午餐：9.9€（外帶）／14.9€／19€；早午餐：28€／35€

●●● ————

1 第一次去Colorova時點的甜點。已經不記得名字，但還記得被它豔麗可愛的外型深深吸引。後來才知道，半圓形的蛋白霜其實也很考驗甜點師的技巧呢！

2 Colorova既時髦又休閒的空間設計。

3 午後和三五好友來這裡喝杯咖啡，嘗嘗甜點，再愜意不過！

質樸溫馨的鄉村情懷

Mamie Gâteaux

甜點類

從Colorova沿著Rue de l'Abbé-Grégoire走下去，左手邊是我的學校Ferrandi，再繼續往下走到和Rue du Cherche-Midi的交叉口，就會看到一個非常可愛、有著濃濃法國鄉村風的甜點店與茶沙龍。開設於2003年10月，Mamie Gâteaux是由一對日法夫妻經營的，太太Mariko Duplessis是主廚，之前曾經在東京的Dalloyau甜點店工作，接著在巴黎藍帶學習廚藝；先生Hervé Duplessis、和充滿法式氣質的優雅母親則掌管外場。Mamie Gâteaux的法文直譯就是「媽媽的蛋糕」，由此可以想見這間店古樸溫馨的氣氛。像學生時代的課桌椅、舊式烤箱上的琺瑯茶壺、古老櫥櫃上的糖罐、點點歐蕾碗等，整間店的佈置充滿了Mariko對法國的美好懷舊情懷。宛如在奶奶家吃甜點、喝下午茶的復古氛圍，讓人很容易就忘記時間。2013年底重新整修開幕後，店面擴大了一半，空間更為寬敞，能夠讓更多人悠閒地在這裡度過愉快的時光。

2

這裡的甜點就像整間店給人的感覺一樣，是比較樸實溫暖的。每天都有新鮮的塔派，依季節不同變換口味，另外還有英式甜點如胡蘿蔔蛋糕與司康。新鮮美味、分量滿滿的沙拉與鹹派也很出名。Mamie Gâteaux是我和同學們最常喝下午茶的地點之一，在同學們都畢業各分東西後再回到巴黎，這裡也仍是首選的碰面地點。

●●●
1 優雅而溫馨的門面，一如Mamie Gâteaux給人的感覺。

2 來這裡喝一次懷舊風格的下午茶吧！

Info

網　　頁｜http://www.mamie-gateaux.com/
電　　話｜+33 1 42 22 32 15
地　　址｜66 Rue du Cherche-Midi, 75006 Paris, France
地　　鐵｜Saint-Placide（4號線）／Rennes（12號線）／Sèvres-Babylone
　　　　　（10號線、12號線）／Vaneau（10號線）
營業時間｜Tue-Sat：11h45～18h，下午茶時間是12h～15h
價　　位｜甜點：5€；沙拉與鹹食：5～12€

1

2

令人雀躍的亞洲元素甜點

pâtisserie Sadaharu AOKI Paris（Vaugirard店）

甜 點 類 **3**

●●●

1 各種抹茶口味的甜點大集合。

2 青木定治的焦糖抹茶塔（tarte caramel salé matcha）。

3 店外垂掛的鮮花，讓人感覺清新又有活力。

4 美味的蒙布朗與胡蘿蔔蛋糕。

Sadaharu AOKI（青木定治）的第一家甜點店，就是位於Rue de Vaugirard的這一家。我曾經在巴黎的甜點雜誌《Fou de Pâtisserie》上讀過青木主廚在巴黎的艱苦奮鬥史，所以雖然每次走到這家店的時候心裡都有點感動。

這裡雖然是一個不小心就很容易錯過的小店面，但是陳列了各式各樣的美麗甜點、繽紛的馬卡龍以及巧克力。記得剛來巴黎的時候，亞洲食材如抹茶、柚子、芝麻等還沒有現在這麼流行，青木定治是難得在巴黎提供這些口味甜點的店家。五月草莓季的時候，也會有我們熟悉的草莓海綿蛋糕（Strawberry Short Cake）。在這裡看到綠色的甜點，可以很開心地確定那是抹茶，而不是法國人熟悉的開心果。話雖如此，其實青木定治的甜點從外型到組成都是十足的法國味，所以不管是抹茶還是芝麻都比台灣人習慣的清淡許多。

甜點以外，青木定治多種口味的馬卡龍也非常值得嘗嘗，特別是如抹茶、焙茶與玄米茶等各種茶口味的馬卡龍。

Info

網　　頁	http://www.sadaharuaoki.com/
電　　話	+33 1 45 44 48 90
地　　址	35 Rue de Vaugirard, 75006 Paris, France
地　　鐵	Saint-Placide（4號線）／Rennes（12號線）
營業時間	Tue-Sat：11h～19h／Sun：10h～18h
價　　位	甜點：6～8€；馬卡龍：1.2€

巴黎最好吃的胡蘿蔔蛋糕

Bread & Roses（Rue Madame店）

甜點類・餐廳類 4

在巴黎當然法式甜點才是主流，不過想吃英式的甜點如胡蘿蔔蛋糕、司康等也不用擔心，有幾家英式甜點做得非常不錯的甜點店，其中一家就是Bread & Roses。與大部分甜點店店主身兼主廚的狀況不同，Bread & Roses的老闆是美食家Philippe Tailleur先生，出於自己對美食的熱愛，店裡供應著各式各樣高品質的麵包、果醬、三明治、甜點等。

Bread & Roses的甜點造型不複雜，簡單中有著細緻的美感。這是我在巴黎第二個實習的店家，當時實習的時候，主廚與副主廚都是日本女性，所以將這樣的甜點特質發揮得非常好。這裡的蒙布朗外觀看來像朵白色的鬱金香，香緹鮮奶油的花瓣裡包裹著蛋白霜與紫色的栗子泥，最上面再點綴一個完整的糖漬栗子，非常優雅可愛。這家店有著我覺得巴黎最好吃的胡蘿蔔蛋糕，頂端的奶油乳酪糖霜上以糖漬胡蘿蔔裝飾成橘色小花，也別有風情。2014年時，這裡的草莓蛋糕在《費加洛日報》的「最佳草莓蛋糕」（Les Meilleurs Fraisiers）評比中被選為第四名。

Bread & Roses外賣麵包與蛋糕店面的旁邊，是一個寬敞的餐廳，可以在這裡享用午餐與下午茶。由於內用價格相當高，所以買了甜點或三明治後，走路到旁邊的盧森堡公園內找個位置坐下來，也是一個很愜意的選擇。

Info

網　　頁｜http://www.breadandroses.fr/
電　　話｜+33 1 42 22 06 06
地　　址｜62 Rue Madame, 75006 Paris, France
地　　鐵｜Saint-Placide（4號線）／Rennes（12號線）／Notre Dame des Champs（12號線）
營業時間｜Mon-Sat：8h～19h
價　　位｜甜點：外帶5～8€／內用8～10€；沙拉與鹹派：外帶9～10€／內用18～20€

02

Rue du Bac
的甜點名店散步

RUE DU BAC

DES GÂTEAUX ET DU PAIN
(BAC)

JACQUES GÉNIN
(RUE DU BAC)

LA PÂTISSERIE DES RÊVES

ANGELINA
(PARIS RIVE GAUCHE)

SQUARE DES
MISSIONS ETRANGÈRES

RUE DE BABYLONE

LE BON
MARCHÉ

LA GRANDE
ÉPICERIE DE PARIS

N

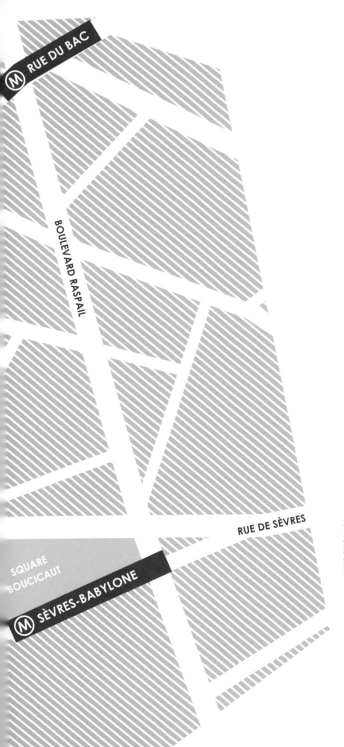

Rue du Bac（巴克街）是飄著奶油與糖香的一條街。法文用「lèche-vitrines」（字面直譯是「舔櫥窗」）來形容window shopping，生動地描繪了一個被櫥窗展示深深吸引、既渴望又熱切的形象。我私心覺得這大概是世界上最適合用來形容在Rue du Bac漫步的字眼了，可能只有中文的「眼睛吃冰淇淋」勉強可以表達這個趣味。

從La Pâtisserie des Rêves開始，這兩年巴黎的甜點名廚Claire Damon、Jacques Génin、以及老字號的Angelina、比利時知名巧克力師Pierre Marcolini等一個接著一個在這條路上比鄰開幕。現在從Rue du Bac街口的La Grande Épicerie（Le Bon Marché蓬馬歇百貨公司的食品部門，裡面也有一個很大的甜點專櫃）開始往下走，一直到位於Rue de Varenne交叉口的Jacques Génin，一路上看著各店櫥窗裡美得令人驚嘆的甜點，不管是不是甜點迷，都保證流連忘返。

往盧森堡公園

RUE DU BAC

BOULEVARD RASPAIL

RUE DE SÈVRES

SQUARE BOUCICAUT

SÈVRES-BABYLONE

巴黎最好的泡芙
La Pâtisserie des Rêves

對La Pâtisserie des Rêves的第一個印象是「好好吃的泡芙！」。
那時剛開始緊鑼密鼓地在Ferrandi開始甜點課程，家裡還有另外一
個室友在藍帶學甜點，於是我們兩個人每天都從學校帶回滿坑滿
谷的成品。雖然公寓裡一共住了四個女孩，但消化的速度完全趕
不上生產的速度，於是我們便開始四處將甜點分送朋友與鄰居。
樓上的鄰居夫婦非常親切，在收了好幾次的甜點之後，有一天敲
門送了回禮。原本非常興奮的室友們，在一打開袋子後沉默了幾
秒，接著就爆笑出聲，因為回禮竟然也是甜點，而這些甜點正是
來自La Pâtisserie des Rêves。我到現在還記得那個巧克力閃電泡
芙，細緻微苦的巧克力奶霜和以巧克力薄片包裹泡芙的造型都令
人印象深刻，那大概是自己人生中第一次覺得巧克力口味的甜點
這麼吸引人。

●●●
店內夢幻的甜點呈現方式。

在巴黎的時間長了，才慢慢知道La Pâtisserie des Rêves的甜點主廚Philippe Conticini是個大人物。除了在甜點領域是個名符其實的大師外，也是少數在廚藝領域也相當有成就的一個主廚。他的餐廳La Table d'Anvers和Petrossian皆摘得米其林一星。他曾經擔任2003年甜點世界盃❶的法國隊教練領導法國隊於當年度拿下冠軍、也是引領傳統法式甜點現代化（少糖、口感輕盈等）的主廚，並在1994年發明了verrine（法文：玻璃杯）這種表現方式，讓傳統在盤中以水平方式呈現的甜點及料理，得以在透明的杯狀容器裡垂直分層呈現，這為甜點與料理都創造了無數新的可能性。因為對法國料理與甜點的傑出貢獻，Philippe Conticini在2004年獲得法國國家榮譽騎士勳章❷，並於2015年獲得法國藝術與文學勳章❸。

●●● ————

1 玻璃櫥窗上的甜點插畫，相當搶眼。

2 Charlotte Vanille Fruits Rouges，香草紅莓夏洛特蛋糕，造型可愛，像是一個小型的西瓜盅。

註：

1. Coup de Monde de la Pâtisserie（World Pastry Cup），是每兩年一次在里昂舉行的世界甜點大賽。從1989年的第一屆開始，法國隊在十四次比賽中得過七次冠軍，其中2003年是由Philippe Conticini擔任法國隊指導。

2. 「l'Ordre national du Merite（國家榮譽勳章）」由法國戴高樂總統於1963年設立，以表彰對法國國家有特殊貢獻的軍官或公民。

3. 「l'Ordre des Arts et des Lettres（藝術與文學勳章）」是法國文化部於1957年設立的榮譽勳章，旨在表揚在文學界與藝術界中有傑出貢獻、或是致力於傳播這些貢獻的人物。前面介紹經典法式甜點時提到的另一位大師Christophe Felder以及大師Pierre Hermé，也曾經獲此殊榮。

Info

網　頁｜http://lapatisseriedesreves.com/
電　話｜+33 1 42 84 00 82
地　址｜93 Rue du Bac, 75006 Paris, France
地　鐵｜Sèvres-Babylone（10號線、12號線）／
　　　　Rue du Bac（12號線）
營業時間｜Tue-Thu：9h～19h／Fri-Sat：9h～20h
　　　　　／Sun：9h～14h
價　位｜甜點：6～8€

甜點的香氣、味道總是能喚醒我們美好的童年回憶，而Philppe Conticini創立La Pâtisserie des Rêves的初衷，就是希望以甜點連結人們的美妙記憶。所以他的甜點店從品牌的視覺、店面的裝潢與甜點的呈現方式，都在打造一個夢幻般的體驗、向我們說一個美麗的故事。Rue du Bac店是La Pâtisserie des Rêves的第一家店，這裡溫暖的木頭原色和粉嫩的品牌主視覺、店中央擺放甜點的圓桌、一個一個玻璃罩中裡有如飄在雲朵上的甜點，都成為La Pâtisserie des Rêves的招牌形象。如今La Pâtisserie des Rêves在法國共有五家店、日本兩家、米蘭與杜拜各一家。這裡的招牌甜點除了我一開始提的巧克力閃電泡芙外，還有曾在2010年被費加洛日報評選為巴黎最好的巴黎-布列斯特泡芙（Paris-Brest）、聖多諾黑泡芙。

2

●●● —————————

1 由前至後為知名的聖多諾黑泡芙
（Saint Honoré）、法式草莓蛋糕
（Fraisien），與車輪形狀的巴黎-布列
斯特泡芙（Paris-Brest）。

2 加入新鮮杏桃烘烤的杏桃塔（tarte
abricot）

水果甜點魔術師
Des Gâteaux et du Pain（Bac店）

甜點類 2

Des Gâteaux et du Pain是我在巴黎最喜歡的甜點店之一。這家店的女主廚Claire Damon在二十九歲時開了第一家店（在地鐵Pasteur站附近），位於Rue de Bac的這家店則是第二家。她是唯一一個在巴黎擁有自己甜點店的女主廚，也是巴黎甜點圈最出名的甜點師之一。在開店之前，Claire Damon跟隨著兩位世界級的名甜點主廚Pierre Hermé和Christophe Michalak分別工作了五年，也因此練就了非凡的手藝。Pierre Hermé最出名、有如魔術師般的風味搭配能力，在她身上則更見女性的纖細與巧思。

Claire Damon的甜點有著非常強烈的個人特質，造型簡約現代、味道細緻柔和，各種口感與風味之間的搭配，都非常具有層次感。她的創作以當令水果為基底，毫不妥協地採用最高標準去選擇原料，每一季都以一個水果為主題，創造出兩到三個不同的甜點。例如六月的主題是大黃❶（rhubarbe），而以大黃創造出的甜

註：1.大黃是多種同屬植物的總稱，可放在甜點中的大黃與中藥裡的大黃是親戚。由於大黃豐潤多汁、酸而不澀的滋味特別適合用來搭配各種莓果與奶酥，所以在歐洲使用大黃做塔派、果醬都很常見。產期大約是5到6月。

●●●
1 樸素低調的外觀，卻自有一股高雅的精緻感。
2 夏天時櫥窗內陳列各種冰淇淋與冰淇淋蛋糕。

點就包括大黃蛋糕Bâton de rhubarbe、大黃塔Paradisi、與大黃泡芙Le chou rhubarbe。因為她從不停止對食材的反覆思考與推敲，因此即使是同一種水果、同一個甜點，每隔一陣子都會看到一些令人驚喜的變化。

Des Gâteaux et du Pain的店面裝潢有如高級的精品珠寶店，在Pasteur的第一家店以黑色為基底、在Rue du Bac的這家店則以銀色為主軸，甜點在這兩家店裡都像是在珠寶盒中閃閃發光一般。Des Gâteaux et du Pain也賣非常好的viennoiserie❷、常溫蛋糕與果醬，我沒有一次進到店裡後空手而出，永遠都是買了兩、三個新鮮甜點再加上一、兩個麵包才肯罷休。

●●● ─────────────────────────────

1 Des Gâteaux et du Pain的野莓塔（Fragaria Vesca）。

2 主廚Claire Damon解構再重新創作的蒙布朗（Mont-Blanc）。

註：2.la viennoiserie直譯就是維也納麵包類，也就是以酥皮與高奶油含量為主的點心麵包，包含可頌、巧克力酥皮麵包（pain au chocolat）、以及布里歐許軟麵包（brioche）等。在法國，甜點與麵包是兩個分開的專業領域，麵包師與甜點師有不同的執照，專業的甜點店（pâtisserie）與麵包店（boulangerie）是分開的，而viennoiserie大概就是兩者唯一的交集，也是甜點店（pâtisserie）唯一會做的麵包類。Des Gâteaux et du Pain的麵包是由與Claire Damon一起合作開店的麵包師David Granger負責製作。

Info

網　　頁｜http://www.desgateauxetdupain.com/
電　　話｜+33 1 45 48 30 74
地　　址｜89 Rue du Bac, 75007 Paris, France
地　　鐵｜Sèvres-Babylone（10號線、12號線）／Rue du Bac（12號線）
營業時間｜Wed-Mon：10h～20h（週日營業至18h）
價　　位｜甜點：6～8€

1

讓香奈兒也為之著迷

Angelina（Paris Rive Gauche店）

甜 點 類 3

1903年由來自奧地利的甜點師Antoine Rumpelmayer創立的Angelina，是巴黎最知名、歷史也最悠久的甜點店。它在杜樂麗公園旁邊的甜點沙龍除了吸引許多名人如普魯斯特、香奈兒女士外，也是許多國際旅客來巴黎的朝聖地之一。2013年9月，Angelina和Des Gâteaux et Du Pain像說好了一樣，幾乎在同一時間於Rue du Bac上開了一個新的門市，而且兩家店面對面相望。Angelina最知名的甜點蒙布朗在這裡當然不可能缺席，店內還有每季新品，以及栗子泥、熱巧克力沖泡粉等商品。

Info

網　　頁｜http://www.angelina-paris.fr/
電　　話｜+33 1 42 22 63 08
地　　址｜108 Rue du Bac, 75007 Paris, France
地　　鐵｜Sèvres-Babylone（10號線、12號線）／Rue du Bac（12號線）
營業時間｜Mon-Thu：9h～19h30／Fri-Sat：9h～20h／Sun：10h～18h
價　　位｜甜點：5～7€

傳奇的巧克力大師傑作
Jacques Génin（Rue du Bac店）

●●● ─────────
各種口味的水果與蔬菜軟糖。

甜點類 **4**

在巴黎的甜點圈裡，Jacques Génin是一個異數中的異數，他的經歷宛如一則傳奇。《Le Figaro》（費加洛日報）上曾有一篇非常深入的專訪，提到他除了自學成功變成巧克力大師，早年因為不堪家庭暴力遠離家鄉，來到巴黎之後遇到一生的摯友與人生導師，從此收斂狂暴的個性、開始追求自我實現的旅程，和小說一般戲劇化。他十二歲半時開始在屠宰場擔任學徒，來到巴黎後原本在小酒館當服務生，後來開了兩家餐廳。之後將餐廳賣掉加入La Maison du Chocolat擔任甜點主廚，創作了該店知名的巧克力塔、閃電泡芙、巧克力國王派，以及檸檬磅蛋糕。四年之後因為無法接觸純巧克力工藝❶的領域，再度離開並開設自己的工作室。他在2008年於上瑪黑區（Haute-Marais）開了第一家自己的店與茶沙龍，2014年11月終於跨足左岸，在Rue du Bac和Rue de Varenne的轉角開了第二間店。他的店如今不僅是巴黎最好的巧克力與甜點店之一，製作的巧克力與糖果也是許多星級餐廳與飯店的愛用品。

1

2

夾心巧克力是Jacques Génin的招牌，體現了他致力於巧克力與各種風味結合的嘗試；但這裡的甜點水準在巴黎也屬頂尖之作，其中羅勒檸檬塔（tarte au citron vert et basilic）和千層派都不可錯過。可惜這些甜點因為廚房的人力配置及資源運用考量，現場品嘗僅限於瑪黑區的茶沙龍，Rue du Bac的店面則專門販售巧克力與牛奶糖、牛軋糖、水果軟糖、棉花糖等各式糖果；甜點限預訂後自取、偶爾會有零星商品提供外帶。

我曾有一次與朋友們一起去Jacques Génin的茶沙龍吃甜點，之後因為表明是Ferrandi的學生，而很幸運地受邀參觀廚房，結果見到主廚本人。Génin先生和我們談到，如果想要當一個傑出的甜點師或巧克力師，很可能會需要犧牲家庭與個人生活、奉獻整個人生。他舉了自己身旁當時只有二十出頭的副主廚為例，個子嬌小的她滿腹熱情，每天工作十八個小時，假日也不休息，所以才能年紀輕輕就當上副手。再次印證我在費加洛日報上讀到關於他的個人經歷，成功確實從來不是偶然。

註：1.在法國，不同的甜點領域區分的非常清楚，麵包、甜點、巧克力與糖果、冰淇淋都是不同的專門領域，各自有各自的文憑與執照，須分別取得。

3

●●● ——————

1 Jacques Génin的logo，將其姓名首字字母結合成甜點的形狀，極富巧思。

2 招牌的夾心巧克力。

3 千層派與檸檬塔。

Info

網　　頁｜http://jacquesgenin.fr
電　　話｜+33 1 53 71 72 21
地　　址｜27 Rue de Varenne, 75007 Paris, France
地　　鐵｜Sèvres-Babylone（10號線、12號線）／Rue du Bac（12號線）
營業時間｜Tue-Sat：10h30～19h（巧克力店與糖果專賣店，甜點限訂購後自取）
價　　位｜9入盒裝夾心巧克力：11€／巧克力磚：7€／水果軟糖：90€/kg（秤重計算）／牛奶糖：110€/kg（秤重計算）／甜點：6.5～8.5€

03
Le Bon Marché
周邊的優雅漫步

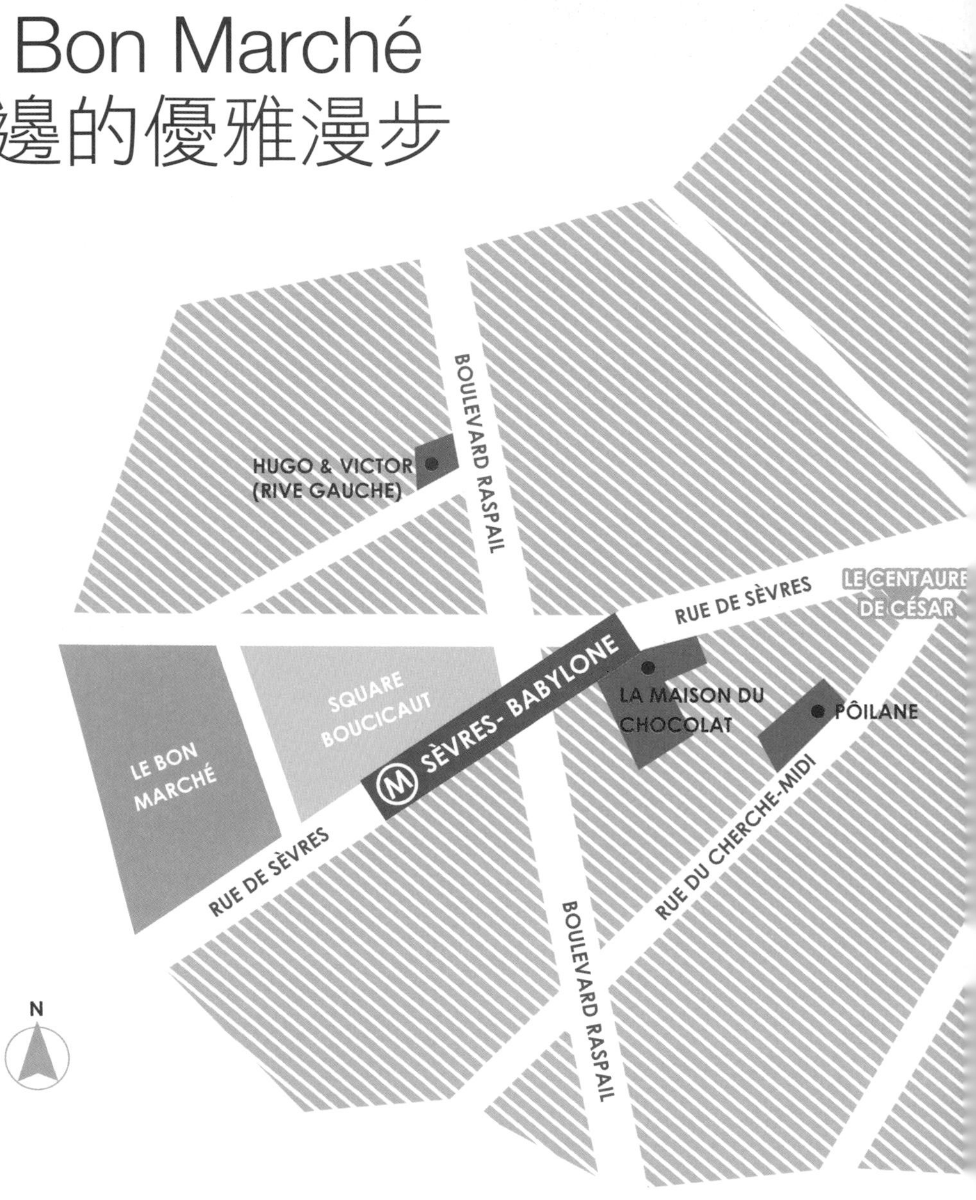

HUGO & VICTOR
(RIVE GAUCHE)

BOULEVARD RASPAIL

RUE DE SÈVRES

LE CENTAURE
DE CÉSAR

LE BON
MARCHÉ

SQUARE
BOUCICAUT

Ⓜ SÈVRES- BABYLONE

LA MAISON DU
CHOCOLAT

PÔILANE

RUE DE SÈVRES

BOULEVARD RASPAIL

RUE DU CHERCHE-MIDI

N

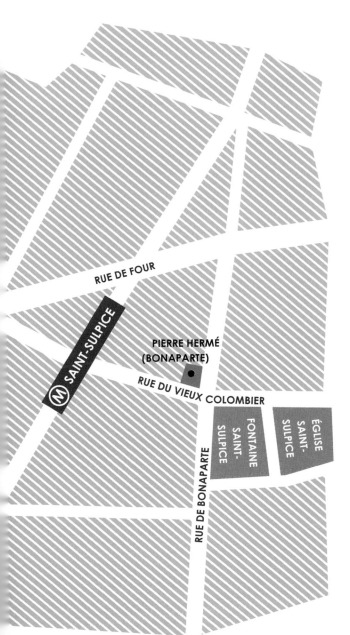

面對le Bon Marché百貨公司的右手邊，跨過Boulevard Raspail、穿過安靜的Rue du Cherche-Midi，然後到Saint-Sulpice地鐵站，再到Saint-Sulpice教堂，是一條相當適合一個人散步的路線。六區的小巷裡充滿了各式各樣優雅的店家，如皮件、精品服飾店、手工藝品店等；而Saint-Sulpicer教堂的週邊，則聚集了各家引領世界時尚潮流的時裝品牌。在這條路線上的幾家甜點店也都有自己的特色，其中包括開啟了現代法式精品甜點新紀元的大師Pierre Hermé。Rue Bonaparte店是大師從東京回到巴黎開設的第一家店，也是左岸第一家精品甜點店，相當具有指標性意義。

珠寶櫃裡的璀璨
Hugo & Victor（Rive Gauche店）

只要往Rue du Bac旁邊走幾步路，越過le Bon Marché旁邊的小公園，就可以看到一家完全以珠寶店的概念來呈現的甜點店——Hugo & Victor。以黑色為主色調加上幾何線條的室內設計，用珠寶展示櫃的方式展示甜點與巧克力，當季的新鮮甜點創作每一個都在單獨的玻璃櫃裡展示。店裡的服務人員個個身穿正式深色套裝、戴著白色手套服務顧客。在巴黎久了，對這樣的設計已習以為常，但還記得自己第一次來到這裡，對甜點與甜點店的想像，仍然比較接近手做的樸實溫暖風格時，看到這樣的精品概念有多震撼。

Hugo & Victor 的兩個創辦人Hugues Pouget和Sylvain Blanc是兒時好友，Hugues在經過多個星級飯店的廚房歷練後，以行政主廚的身分加入Guy Savoy集團，並在2003年得到法國甜點錦標賽❶的冠軍。他離開Guy Savoy之後移居海外，待過新加坡、上海與巴西等地，這些在不同國度與文化下的生活經驗都為他往後的甜點創作注入了許多新意。Sylvain Blanc則是理工背景出身，曾經負

---

1 櫃檯上陳列著馬卡龍與水果塔，後方更有如珠寶展示櫃的獨特陳列方式。

2 正中間是鳳梨聖多諾黑泡芙（Saint-Honoré ananas），最右側則是千層派（millefeuille）。

1

2

責Cacao Barry在歐洲的品牌行銷，之後擔任春天百貨的資深經理，負責管理精品部門。這不難解釋為何Hugo & Victor能夠成功打造這樣的品牌形象。他們從法國大作家雨果得到靈感，店名是將雨果的名字（Victor Hugo）拆開，象徵他們的雙人組合，店裡的甜點展示櫥窗有如書架、而盛裝招牌半圓形巧克力的盒子則是設計成一本具有Moleskine手記風格的古書，上面刻印著繁複的圖騰與印花。

Hugo & Victor的產品主要分成三個系列，Hugo系列解構傳統甜點、Victor系列則較為經典，企圖將童年那些能夠溫暖人心的甜點注入新意。最後則是他們獨樹一格的半圓形巧克力，既像宇宙中閃閃發光的星球、也像一顆顆璀璨生輝的寶石。整體而言，他們的甜點造型較其他甜點店更為大膽現代，而且使用非常多異國食材，例如當法國人甚至都還不認識柚子的時候，Hugo & Victor已經推出使用combawa❷的甜點創作。

●●● ──────────
知名的巧克力，分成正方形（carrés）與半圓形（sphères）兩種，其中鮮豔的半圓形巧克力，中間是各種口味的焦糖夾心，兩種巧克力的包裝都做成古典的皮革筆記本風格。

註：
1. 法國甜點錦標賽（Championnat de France du Dessert），是由法國糖業研究與文獻中心（Centre d'Études et de Documentation du Sucre；CEDUS）為了鼓勵旅館與餐廳業的盤式甜點實作而舉辦的賽事。
2. 一種原產自印尼的檸檬類水果，又名kaffir lime，表皮為綠色，有許多突起，味道帶有柔和的檸檬與檸檬草香氣。

Info

網　　頁｜http://www.hugovictor.com/
電　　話｜+33 1 44 39 97 73
地　　址｜40 Boulevard Raspail, 75007 Paris, France
地　　鐵｜Sèvres-Babylone（10號線、12號線）
營業時間｜Mon-Fri, Sun：10h～19h／Sat：9h～20h
價　　位｜6～8€／半圓形巧克力組：6入11.5€、12入19.5€

一鳴驚人的巧克力魔術師

La Maison du Chocolat

甜 點 類 2

隔著Boulevard Raspail和Rue des Sèvres的交叉口，巧克力名店
La Maison du Chocholat就坐落在Hugo & Victor的斜對面。1977
年由Robert Linxe創立，La Maison du Chocolat的第一家店在Rue
du Faubourg-Saint Honoré上。當時開設巧克力專賣店是一個非
常大膽的與創新嘗試，因為大部分的人只在聖誕節與復活節消費
巧克力。然而Robert Linxe的多種巧克力甘納許❶創作很快就大受
歡迎，他創作出第一款調味的甘納許「Zagora」，揉入了薄荷葉
的清新風味，他也被稱為「巧克力魔術師」。如今La Maison du
Chocolat已經是全球皆有分店的巧克力專賣店。

2

在Rue de Sèvres的這家分店除了各式各樣的巧克力與馬卡龍外，也能夠品嘗到前面提到由Jacques Génin創作出的閃電泡芙、巧克力塔等，其中焦糖口味的閃電泡芙也相當令人驚豔，焦糖奶餡口感細緻柔滑、上面的焦糖鏡面微帶苦味，非常有深度。

●●● ——————

1 La Maison du Chocolat的甜點櫥窗。

2 夾心巧克力禮盒。

註：1.甘納許（ganache）是將煮沸的鮮奶油和融化巧克力混合並完全乳化後製成，冷卻後可做夾心巧克力的餡料及其他甜點的內餡，也可再打發做成其他甜點的基礎。

Info

網　　頁｜http://www.lamaisonduchocolat.com/
電　　話｜+33 1 45 44 20 40
地　　址｜19 Rue de Sèvres, 75006 Paris, France
地　　鐵｜Sèvres-Babylone（10號線、12號線）
營業時間｜Mon – Sat：10h～20h
價　　位｜甜點：5～8€／馬卡龍：單個約2€／巧克力禮盒則依不同容量價格差異頗大，建議現場詢問

巴黎人最鍾愛的麵包店
Pôilane

其實Pôilane是一家麵包店而不是甜點店,但因為它在法國傳奇性的地位、以及店內同樣受歡迎的蘋果塔、奶油餅乾等,無論如何都不能跳過它。

Pôilane的創辦人Pierre Pôilane於1932年創立,至今堅持販賣使用柴燒烘焙的自然發酵全麥麵包,連全麥麵粉都是以傳統石磨研磨製成的。Pierre Pôilane的兒子Lionel Pôilane繼承了父親對法國傳統麵包的信念,認為法國麵包成分應該只有麵粉、鹽、水、與酵母,因此堅持使用費時的自然發酵法。他改良父親的配方與技術,並且親自拜訪法國一萬位麵包師,確認了八十種有區域特色的傳統麵包,完成了《Guide de l'amateur de pain》(麵包愛好者指南)一書。Lionel的女兒Apollonia Pôilane在父母因飛機事故不幸喪生後,毅然接下麵包店的家業,至今Pôilane仍是巴黎人最鍾愛的麵包店。

1 低調的店面外觀，但來買麵包的人始終絡繹不絕。

2 樸實可愛的酥皮蘋果塔。

出於Pierre Pôilane和Lionel Pôilane對法國傳統麵包工藝的堅持，在這裡不會看到法國到處都有、大量生產的長棍麵包，取而代之的是各式圓形的鄉村麵包，例如酸種麵包、黑麥麵包、核桃麵包等。招牌的普瓦蘭麵包（miche Pôilane）上面烙印著代表這個Pôilane家族的「P」，每個重約一點九公斤，外皮酥脆、結構扎實，因為是由經長時間發酵的酸種麵團製成，所以麵包體非常有彈性、有著不規則的大氣孔，而且飄著引人食慾的酸香。

麵包以外，Pôilane的酥皮蘋果塔（tarte aux pommes）造型樸實可愛，碗狀的酥皮麵包中間放著烤過的蘋果，簡單美味而不做作，和一般甜點店使用甜塔皮為底、蘋果泥為餡，再加上蘋果切片的蘋果塔完全不同。另外一個值得一提的是名為「punitions（懲罰）」的奶油酥餅，酥鬆的口感、充滿奶油的香氣，小小一個令人一口接一口。只是抵擋不住誘惑結果體重增加，這又是誰給的懲罰呢？

Info

網　　頁｜https://www.poilane.com/
電　　話｜+33 1 45 48 42 59
地　　址｜8 Rue du Cherche-Midi, 75006 Paris, France
地　　鐵｜Sèvres-Babylone（10號線、12號線）
營業時間｜Mon-Sat：7h15～20h15
價　　位｜miche Pôilane：9.2€／蘋果塔：2.35€／Punitions 125g盒裝：4.95€

甜點界的畢卡索
Pierre Hermé（Bonaparte店）

甜　點　類　4

說到法式甜點，不可能不提Pierre Hermé。出生於亞爾薩斯的四代糕餅世家，他十四歲時跟隨Gaston Lenôtre擔任學徒，二十四歲時即成為Fauchon的甜點主廚、接著掌管Ladurée，並在此時發明了他最知名的甜點之一 ──「Ispahan」，以荔枝、玫瑰與覆盆子三種元素組合，桃紅色的玫瑰馬卡龍中間夾了輕盈的玫瑰荔枝甘納許，加上新鮮荔枝與覆盆子。輕盈的花香、清甜的荔枝以及覆盆子的果酸，這個組合之後成為Pierre Hermé Ispahan系列的基底，並成為Pierre Hermé的招牌味道之一，應用在各種其他甜點上。而Ispahan這個甜點本身，也幾乎成為一個經典，是各家甜點店模仿與致敬的對象，例如Carl Marletti的Marie Antoinette（瑪麗安東尼）。

●●● ────────────────────────

Mahogany蛋糕，是Pierre Hermé對exotisme（異國風情）的詮釋。此甜點的組成包括椰子達克瓦茲蛋糕，新鮮荔枝果肉、芒果果醬與焦糖鏡面。大師將荔枝與焦糖加入了椰子與芒果的經典組合中，創作出不管是在口感還是風味上都令人驚喜的成品。

姑且不論他精準的味覺、如藝術家的美感、以及源源不絕的創意，Pierre Hermé對法式甜點最大的貢獻在於，他啟發並培養了幾乎這個世代所有在檯面上的傑出甜點師，如Sébastien Gaudard、Christophe Adam、Christophe Michalak等，而這些弟子們帶領的團隊，也成為引領目前法國甜點界前進的動力。Pierre Hermé的甜點修正了傳統法式甜點的多糖、多油，外型也是低調優雅的現代風格。他曾經說過自己是「把糖當成鹽來使用，也就是像調味料一樣，用來展現其他風味的層次感」。他從來不會萬年不變的使用同一個食譜，即使是自己的發明，他也總是不斷思考修正，並致力拓展新的味覺領域。得過無數獎項，身為首位獲得法國藝術與文學勳章的甜點師，Pierre Hermé的大師地位無庸置疑。他被美國的《Vogue》雜誌稱為「甜點界的畢卡索」，2016年6月又獲得主辦全球五十最佳餐廳評選的英國《餐廳》雜誌頒予「最佳甜點師」頭銜。

●●●
1 Pierre Hermé的招牌。在法國，他，就是當代法式甜點界的首席代表。

2 由前至後：Mahogany蛋糕、Hommage泡芙、Ispahan可頌。

3 Hommage蛋糕，是「Fetish Hommage」（Hommage季）的招牌商品，由栗子布列塔尼奶油酥餅、栗子蛋糕、糖煮西洋梨與糖漬栗子奶醬構成。

4 Ispahan千層派上有玫瑰花瓣點綴。（Credit：Winnie Wong）

1

2 3 4

Pierre Hermé在全球皆有據點，然而不是每家店都有販賣新鮮甜點。來到Bonaparte的分店，除了馬卡龍之外，千萬不要忘了嘗試經典的「Tarte Inifiniment Vanille（無限香草塔）」、「2000 feuilles（兩千層派）」以及各季限定甜點。如果剛好遇到Fetish Ispahan季節❶，特別推薦croissant Ispahan（Ispahan玫瑰荔枝覆盆子可頌）。這是我與朋友們一致認定「如果以後吃不到怎麼辦?!」的甜點。我認識好幾個朋友，每次回台灣都不忘要帶上飛機；它也是我每次回荷蘭皆被指定要帶回的伴手禮。

註：1.Ispahan季大約是在每年的9月至10月中，會有各式各樣使用Ispahan這個口味創作的季節限定甜點。

●●● ─────────

1 經典的兩千層派。（Credit：Winnie Wong）

2 特別推薦的Ispahan玫瑰荔枝覆盆子可頌！

3 喜歡香草的人絕對不可錯過這款無限香草塔（Tarte Inifiniment Vanille）。

Info

網　　頁｜http://www.pierreherme.com/
電　　話｜+33 1 43 54 47 77
地　　址｜72 Rue Bonaparte, 75006 Paris, France
地　　鐵｜Saint-Sulpice（4號線）
營業時間｜Sun-Fri：10h～19h／Sat：10h～20h
價　　位｜甜點：約7.5€／馬卡龍：單個2.1€，另有不同入數的盒裝可供選擇。

04
聖傑曼區的特色甜點

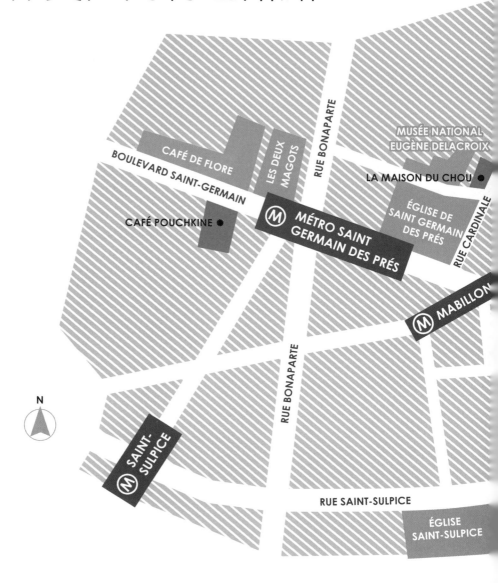

GOÛT DE BRIOCHE

RUE MAZARINE

L'ÉCLAIR DE GÉNIE

UN DIMANCHE À PARIS

MAISON GEORGES LARNICOL

BOULEVARD SAINT-GERMAIN

Ⓜ ODÉON

往PATRICK ROGER

六區從地鐵站Saint Germain des Près（聖傑曼）到Odéon（奧德昂）這一帶，和Rue du Bac一樣聚集了許多知名甜點店，光是在Odéon附近的 Cours du Commerce Saint-André 就有數家大師級的巧克力店與特色甜點店，是很適合甜點迷的下午逛街好去處。除了以下介紹的幾家甜點店之外，在Odéon還有巧克力鬼才Patrick Roger的同名巧克力店，每季變換的大型巧克力雕塑大有可觀。不遠處布列塔尼出身的甜點主廚Georges Larnicol的同名巧克力店和Patrick Roger粗獷奔放的風格不同，他的巧克力雕塑充滿童趣，有車子、花鳥等造型，該店同時以各種口味的布列塔尼奶油酥餅kouign amann❶聞名。

註：1.台灣目前翻譯為「阿曼」或「克寧阿曼」。

來自俄羅斯的金碧輝煌
Café Pouchkine

甜點類 **1**

Café Pouchkine是我剛到巴黎時拜訪的第一家精品甜點店。當時和初次見面的朋友約在春
天百貨的Café Pouchkine茶沙龍，還記得第一次看到他們金碧輝煌的俄羅斯宮廷風甜點與
室內裝潢時，既驚訝又激動的心情。我當時點了一個巧克力甜點「Rose de Tsar」（沙皇
的玫瑰），這是一個以巧克力和紅莓果為基底的蛋糕，外面用調溫後成形的巧克力薄片做
成一片一片嬌嫩的玫瑰花瓣、再點上些許金箔。那時候還不知道自己這條甜點師之路會如
何發展，但是看到這個甜點時心裡的感動很難言喻。我從來沒想過甜點也能是個藝術品，
但是在巴黎有這麼多人將甜點當成藝術品來做、也有這麼多人將甜點當成藝術品來欣賞。
當時期許自己有一天也能做出這樣的甜點，而四年後回顧，雖然在看過那麼多甜點藝術品
後，這個甜點本身的技巧與美感已經不再令人驚訝，但每一次都還是能感受到心裡的波
動。對美和技藝的不懈追求，大概就是這個職業始終令我為傲的其中一個原因。

2 3

4 5

Café Pouchkine由俄羅斯餐飲集團Maison Dellos所創立，在莫斯科早就享譽盛名，2010年在巴黎春天百貨的一樓開了第一間海外分店。Boulevard Saint Germain這家分店則是在巴黎的第三家店，於2014年11月開設。Café Pouchkine的甜點風格和他們的品牌形象相呼應，所有的甜點都非常華麗，以金、銀為主色調，俄羅斯洋蔥狀圓頂的建築意象也經常出現，例如2015年的聖誕節蛋糕，就幾乎重現了一個被銀白色大雪覆蓋的莫斯科克里姆林宮。順帶一提，雖然自己不是馬卡龍的粉絲，但正是第一次拜訪Café Pouchkine，一時好奇點的雙色馬卡龍徹底扭轉了我對馬卡龍的印象。從此之後我才明白馬卡龍的魅力，也才知道如何欣賞這種蛋白霜小圓餅細緻黏牙的口感、杏仁粉的香氣和變化多端的內餡。

●●●

1 春天百貨分店的甜點櫃，不只裝飾華麗，櫃中更常見洋蔥狀圓頂造型的甜點。

2 沙皇的玫瑰。

3 Saint-Germain分店的甜點櫃。

4 「Diadema」以檸檬奶餡、檸檬果醬及茉莉花茶奶餡構成，口味清爽怡人。

5 造型獨特的蒙布朗。

Info

網　　頁｜http://cafe-pouchkine.fr/
電　　話｜+33 1 42 22 58 44
地　　址｜155 Boulevard Saint-Germain, 75006 Paris, France
地　　鐵｜Saint Germain des Près（4號線）
營業時間｜Mon-Sun：9h～23h
價　　位｜甜點：10€／馬卡龍：3個9€／鹹點：10～30€

迷人廣場旁的爽口泡芙
La Maison du Chou

La Maison du Chou顧名思義就是「泡芙之家」。這家小巧可愛的泡芙專賣店位於聖傑曼
教堂後方、一個非常美的小廣場Place de Furstenburg❶旁邊。開設這家店的主廚Manuel
Martinez資歷顯赫，在1986年獲得M.O.F.❷頭銜，也是在巴黎知名餐廳「銀塔」在米其林
三星時代的主廚。目前他在不遠處的Saint-Michel地鐵站附近擁有一家二星餐廳Le Relais
Louis XIII de Manuel Martinez（路易十三客棧），許多這個世代的法國名廚如Yannick
Alleno、Éric Frechon也師承於他。

La Maison du Chou的泡芙是Manuel Martinez受祖母的食譜啟發創作出來，和一般泡芙使
用卡士達醬（crème pâtissière／pastry cream）為基礎不同，這裡的內餡以formage blanc
白乳酪為基底出發，有原味、巧克力、玫瑰等口味，清爽中帶有微酸。所有的泡芙都是在

●●● ─────────

1 La Maison du Chou的泡芙，小巧可愛。

2 雖然店面不大，但店外空間開闊，光線明亮。

3 店外即是「巴黎最迷人的廣場」。

點單之後才由店員現場填餡，以保持泡芙皮的新鮮酥鬆口感。除了聖傑曼區的這家店之外，2016年年初他們也在île Saint Louis聖路易島開了第二家店。

Info

網　　頁｜https://www.facebook.com/MaisonDuChou
電　　話｜+33 9 54 75 06 05
地　　址｜7 Rue de Furstenberg, 75006 Paris, France
地　　鐵｜Saint Germain des Près（4號線）／Mabillon（10號線）
營業時間｜Mon-Sun：11h～20h
價　　位｜泡芙：1個2€／3個5€／6個10€／12個18€

註：

1. 這個廣場被譽為「巴黎最迷人的廣場」之一，環形的路圍繞著一個中島，上面種了四株非常美麗的梧桐樹。春天時特別風情萬種、晚上街燈撒下時也很迷人。小廣場旁邊還有法國浪漫主義大師 Eugène Delacroix德拉克拉瓦當年的工作室，現在已經改為美術館可以參觀。

2. M.O.F是「Meilleur Ouvrier de France」的縮寫，意為「法國最佳工藝職人」，這是對各行各業職人的最高肯定。想要得到此一頭銜，必須參加每四年舉辦一次的大賽。以甜點為例，在為期三整天的比賽中，參賽者必須就甜點工藝的各個面向，如各式甜點蛋糕、拉糖、巧克力、展示用甜點show piece等主題創作。評選的內容包括技術、口味、運送與裝置、最後成果呈現等。獲得此一榮譽的主廚，將可在愛麗榭宮（法國總統府）接受總統表揚，廚師服的領子上也會以法國國旗紅白藍三色標示。紀錄片《King of Pastry》就是在講述幾位主廚參加這個競賽的過程。

1

美麗商廊中的巧克力狂熱
Un Dimanche à Paris

甜點類 · 餐廳類 3

Un Dimanche à Paris也是一家我常常帶朋友們去喝下午茶的茶沙龍。它位在 Odéon一條很美的商廊上，石子路的兩邊都是充滿風情的餐廳與咖啡店，很適合逛街中途歇腳小憩。這家店的創辦人Pierre Cluizel出身於法國知名的巧克力家族❶，他對巧克力的熱愛在這家店展露無遺。Un Dimanche à Paris結合了巧克力與甜點店、巧克力吧、巧克力工坊、茶沙龍、餐廳等，還有一個具展示功能的甜點廚房，並不定期舉辦甜點課程。

現在的甜點主廚Nicolas Bacheyre歷經Fauchon、Fouquet和Pavillon de la Rotonde及Cyril Lignac❷等名店、餐廳的訓練。他與Pierre Cluizel合作無間，作品風格細緻清新，特點是每一個甜點裡都含有一個巧克力元素。這裡濃郁的熱巧克力也相當值得一嘗，侍者會在客人前面將熱巧克力從小壺裡高高地酙入客人的杯中，相當有趣。

●●●

<u>1</u> 這裡的甜點風格多樣，猜猜看，巧克力元素藏在哪裡？

<u>2</u> 2014年夏天的甜點「Pêché Provençal」蜜桃羅勒蛋糕。

註：

1. 1948年在諾曼地Damville起家，Cluizel家族的巧克力事業現在已經是一個全球企業。他們與來自中南美洲、非洲、大洋洲等的巧克力農直接合作，從巧克力豆的生產開始，製造世界聞名的「Michel Cluizel」巧克力。

2. 知名主廚，擁有數家餐廳、小酒館，也有自己的同名甜點店與巧克力店，其中餐廳「Le Quinziéme」獲米其林一星。他同時也在法國電視台M6開設廚藝節目，並且出了四十餘本的食譜書，總銷量逾三百萬冊。

Info

網　　頁｜http://www.un-dimanche-a-paris.com/
電　　話｜+33 1 56 81 18 18
地　　址｜4-6-8 Cours du Commerce Saint-André, 75006 Paris, France
地　　鐵｜Odéon（4號線、10號線）
營業時間｜甜點店外賣部分：Mon：12h～20h／Tue-Sat：11h～20h／
　　　　　Sun：11h～19h30
　　　　　茶沙龍：Mon-Sun：15h～18h
　　　　　餐廳：Tue：19h～22h／Wed-Sat：12h～14h & 19h～22h
　　　　　早午餐：Sun：11h～14h30
價　　位｜甜點：7～9€／午餐：25～29€／晚餐：28～37€／早午餐：
　　　　　28～54€

繽紛時尚的閃電泡芙

l'Éclair de Génie

甜點類 4

自從2012年12月在瑪黑區開了第一家店之後，l'Éclair de Génie
的魅力便迅速席捲了整個巴黎。閃電泡芙原本就是法式傳統甜點
之一，但是l'Éclair de Génie的主廚、也是甜點名廚的Christophe
Adam，以創新的方式改變了傳統閃電泡芙的餡料與裝飾方法，原
本已經人人都愛的甜點就此披上了時尚的外衣，閃電泡芙也繼馬
卡龍之後，成為最為國際熟知的法式甜點之一。

傳統的閃電泡芙通常有香草、巧克力、咖啡等三種口味，在泡芙
麵皮上面會使用fondant（翻糖）當裝飾，是一個簡單但各個年
齡層都很喜愛的甜點。但l'Éclair de Génie則是將法式甜點的製作
哲學傾注在閃電泡芙上，從各個面向大幅擴充了閃電泡芙的表現
空間。不僅口味變化多端、每一季都會因應當季的水果或特殊活
動製作不同口味，即使是基本的巧克力口味也如同專業巧克力店
製作夾心巧克力般，有著各式各樣風味的巧克力奶餡。l'Éclair de
Génie並改變傳統僅使用fondant的單調裝飾方法，以裝飾蛋糕的
方式來裝飾閃電泡芙，採用各式鏡面淋醬做裝飾的基底、上面再
擺上與泡芙口味相應的新鮮水果或巧克力、堅果等。只要踏進店
裡，沒有人不會被色彩繽紛、閃著光澤一字排開的產品吸引。瑪
黑區的本店幾乎永遠都是門庭若市。

●●●
色彩繽紛，變化多端，絲毫不遜於一般蛋糕的閃電泡芙。

主廚Christophe Adam在開設l'Éclair de Génie之前，很年輕便嶄露
頭角，他繼Pierre Hermé與Sébastien Gaudard之後，二十九歲即擔
任Fauchon的甜點主廚，此後的十年間帶領Fauchon從巴黎的瑪德
蓮廣場出發，擴展成世界各地皆有設點的國際食品集團。也是在
這個時期，他將甜點搖身一變成為時尚點心。Fauchon一系列與
時尚品牌合作的精品甜點、以及印著各式彩色糖霜的閃電泡芙，
都是在Christophe Adam的帶領下完成的。離開Fauchon之後，他
將自己過去在閃電泡芙的專注與靈感進一步發揮，開設了第一家
閃電泡芙專賣店，在l'Éclair de Génie第一家店大紅之後，便運用
過去的國際經驗開始快速展店，目前除了巴黎的九個點之外，在
日本及香港也各有五家門市，米蘭的兩家門市也剛剛成立。

●●●
1 甜點櫃中各色閃電
泡芙一字排開的景
象，讓人心動不已。

2 蘋果布里歐許麵包。

3 帕馬森起司（左）
與鮭魚（右）布里歐
許。（Credit：Ninon
Gouronnec）

4 酥香誘人的千層布里
歐許麵包捲。（Credit：
Ninon Gouronnec）

Info

網　　頁｜http://leclairdegenie.com/
電　　話｜+33 1 84 79 23 44
地　　址｜13 Rue de l'Ancienne Comédie, 75006 Paris, France
地　　鐵｜Odéon（4號線、10號線）
營業時間｜Mon-Sun：11h～19h30
價　　位｜閃電泡芙：4.5～6€

鬆軟可人、口味多樣的布里歐許
Goût de Brioche

註：1.brioche布里歐許麵包，是viennoiserie維也納麵包類中的其中一種，麵團中含有大量的奶油與蛋，因此非常柔軟。這也是傳說中瑪麗安東尼皇后（Marie Antoinette）聽說農民沒有麵包吃，而說「讓他們吃蛋糕」中誤譯的「蛋糕」。

甜點類 5

Goût de Brioche是由巴黎知名的米其林三星級餐廳Guy Savoy的主廚Christian Boudard於2015年7月開設。這間布里歐許麵包❶專賣店位於一條充滿了畫廊與古董書店的小路上，再朝前走幾步，就可以到達位於塞納河畔的Guy Savoy餐廳。布里歐許奶油麵包是Guy Savoy餐廳的招牌之一，其中蘑菇口味總是搭配它們知名的朝鮮薊與黑松露湯。現在不但能在Goût de Brioche找到蘑菇布里歐許的迷你版，還有其他各式鹹甜口味、引人食慾的選擇，例如帕馬森起司、鮭魚、檸檬蛋白霜、椹果、巧克力、杏桃開心果等。上回經過的時候，我買了一個以原味布里歐許麵包做基底、上面排滿蘋果薄片的蘋果布里歐許麵包。那些蘋果薄片的切法與排法，深刻地顯示了它三星廚房的出身，非常值得一觀。

Info

網　　頁｜http://www.goutdebrioche.com/
電　　話｜+33 1 40 46 91 67
地　　址｜54 Rue Mazarine, 75006 Paris, France
地　　鐵｜Odéon（4號線、10號線）／Mabillon（10號線）／Saint Germain des Près（4號線）
營業時間｜Tue-Sat：8h30～19h30／Sun：8h30～19h
價　　位｜小（個人）：4.5～6€／大（6～8人份）：30～36€

05
Invalides旁的
甜點野餐

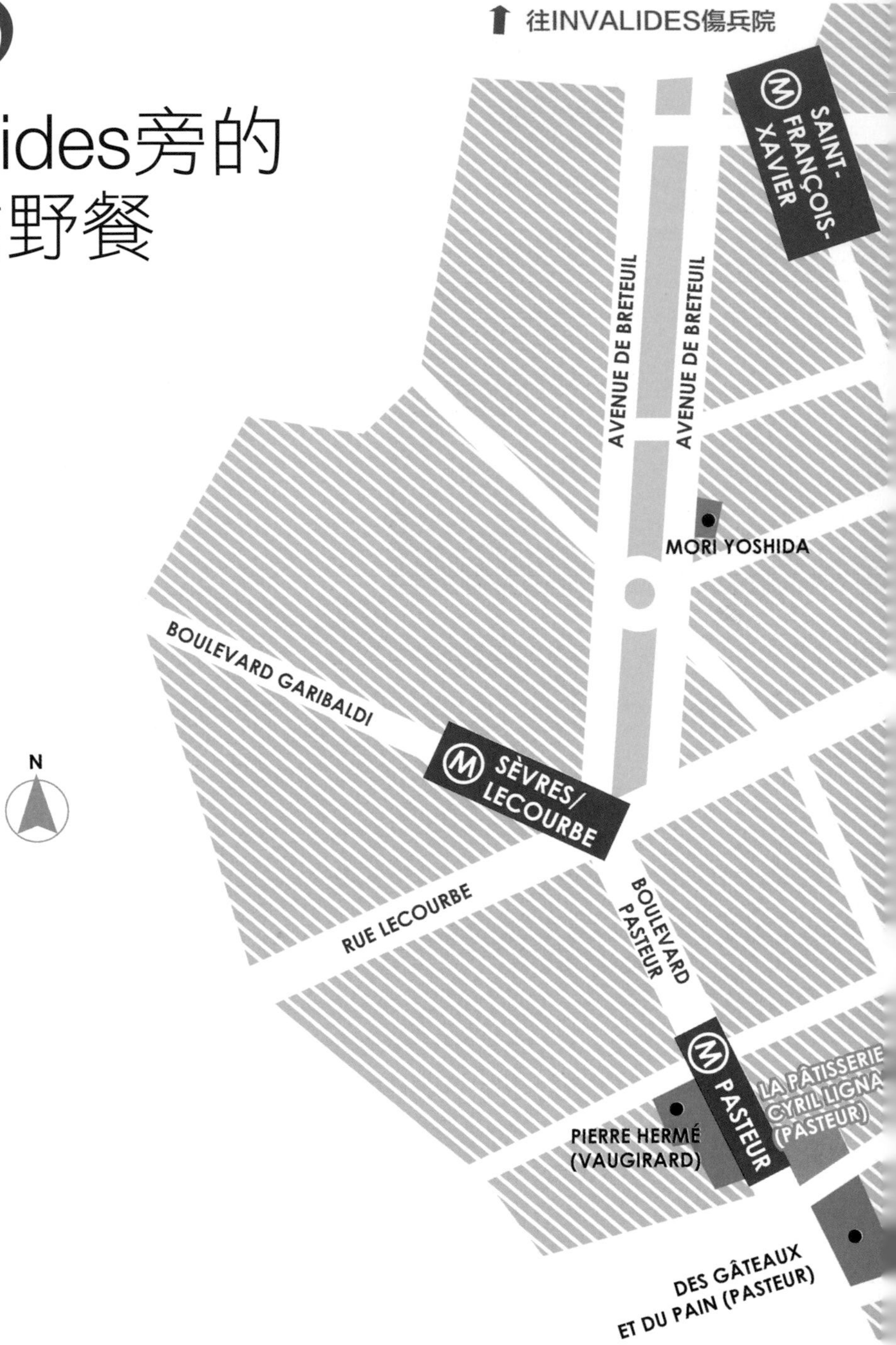

↑ 往INVALIDES傷兵院

Ⓜ SAINT-FRANÇOIS-XAVIER

AVENUE DE BRETEUIL

AVENUE DE BRETEUIL

● MORI YOSHIDA

BOULEVARD GARIBALDI

Ⓜ SÈVRES/LECOURBE

RUE LECOURBE

BOULEVARD PASTEUR

Ⓜ PASTEUR

LA PÂTISSERIE CYRIL LIGNAC (PASTEUR)

● PIERRE HERMÉ (VAUGIRARD)

DES GÂTEAUX ET DU PAIN (PASTEUR)

N

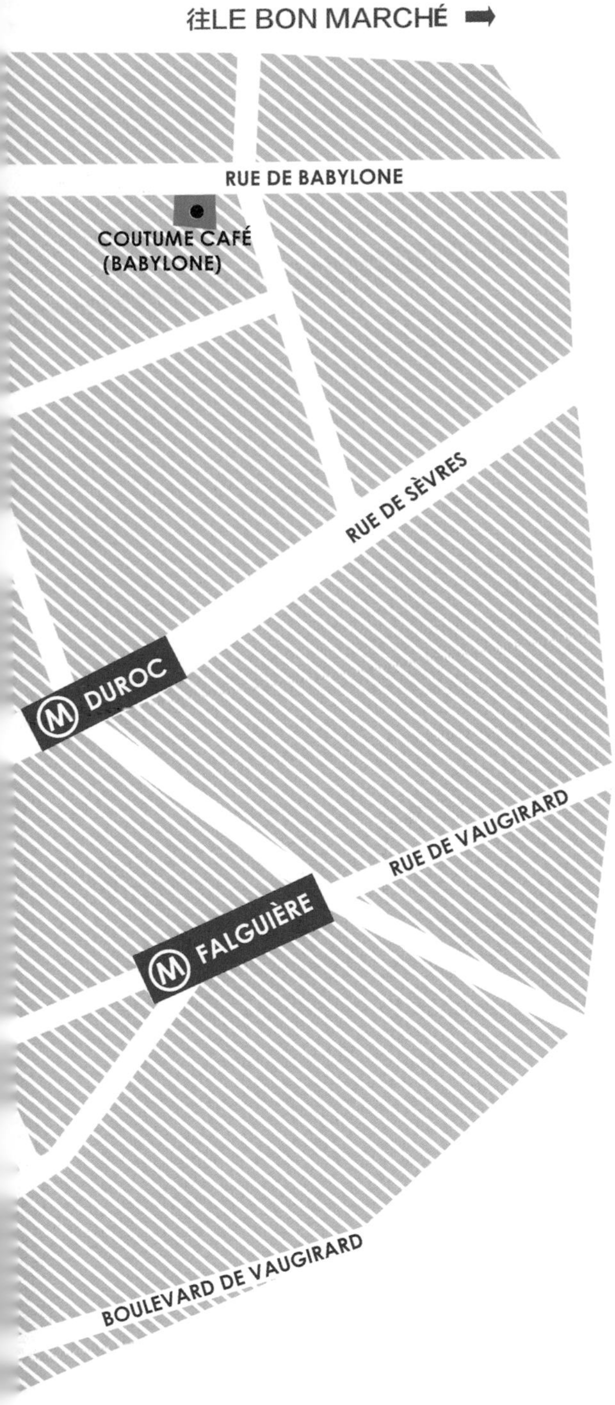

往LE BON MARCHÉ ➡

RUE DE BABYLONE

COUTUME CAFÉ
(BABYLONE)

RUE DE SÈVRES

Ⓜ DUROC

RUE DE VAUGIRARD

Ⓜ FALGUIÈRE

BOULEVARD DE VAUGIRARD

沿著Invalides（傷兵院）前面的綠色步道，由七區往十五區的方向一路散步，可以經過三家我最喜歡的甜點店。首先，在地鐵站Sèvres-Lecourbe附近，有著日本籍甜點師Mori Yoshida的簡約店面，到了地鐵Pasteur站，就可以看到前面介紹過的Pierre Hermé大師與他的弟子Claire Damon兩人的店面遙遙相望；2015年底知名主廚Cyril Lignac（請參考P.67註解❷）也在這邊開了他的第四家甜點店。所以和Rue du Bac一樣，這裡也是一個能夠一次逛到多家甜點店、一次買足不同甜點的好地方。夏天的時候Invalides前面的草皮開放，買了甜點後就可以帶著它們一起去野餐，非常愜意！

1

電視冠軍的巴黎奇想
Mori Yoshida

位於安靜的七區住宅區邊，店門前有著綿延的綠色草皮，可以遠眺Invalides傷兵院和鐵塔的Mori Yoshida，是日本甜點師吉田守秀的同名甜點店。吉田守秀由東京菓子專門學校畢業，歷經Tokyo Park Hyatt和アニバーサリー（Anniversary）青山店的歷練，並且在2006、2007年兩次獲得東京電視台TV Champion 2（電視冠軍2）節目的甜點師比賽冠軍（ケーキ職人選手）。之後決心至巴黎發展，在2010年來到巴黎走訪各個甜點店，並投入名店如La Pâtisserie des Rêves、三星餐廳Guy Savoy和巧克力大師Jacques Génin的門下學習，最後在2013年春天如願以償，在世界甜點首都有了一席之地。

雖然製作的同樣是100%的法式甜點，但是吉田守秀的作品和青木定治較為成熟華麗的風格不同，他的甜點在視覺上有著日本人獨有的乾淨簡約神髓、而且帶著一股俏皮，例如用密集螺旋擠花呈現松果模樣的蒙布朗、以及使用百香果籽裝飾的baba tropique（熱帶水果

●●● ───

1 主廚吉田守秀創作的檸檬巴黎-布列斯特泡芙（Paris-Brest au citron）。濃郁的榛果奶油霜中，帶有檸檬的微酸與清香，兩種元素合拍的程度令人驚奇。

2 即便風格乾淨簡約，甜點櫃依舊讓人有琳瑯滿目之感。

3 悠閒地品嘗各具巧思的甜點，是種極致的享受。

4 靠窗的吊櫃上陳列著各種常溫小蛋糕（petit-fours）與viennoiserie酥皮麵包。

口味的蘭姆巴巴）。在他的店裡，所有過多的裝飾都被捨棄，極簡的店面裝潢完全突出了店內的主角，就是他的甜點。靠人行道的大片落地窗邊，由天花板上垂掛下來的木桌上擺著各式新鮮的viennoiserie酥皮麵包，每每吸引行人駐足。其中由法國早餐類麵包定番的蘋果雪鬆（chausson aux pommes）轉化而成的香蕉雪鬆（chausson à la banane）是我的最愛之一。甜點櫃裡永遠充滿著色彩繽紛的新鮮甜點，每一季也一定會有新的創作。甜點櫃旁邊還有滿滿的巧克力與各式各樣的馬卡龍。雖然因為不住在附近而沒有辦法常來，但是Mori Yoshida是我在巴黎最喜歡的甜點店之一，每一次來都會得到很多啟發。

Info

網　　頁│http://moriyoshida.fr/
電　　話│+33 1 47 34 29 74
地　　址│65 Avenue de Breteuil, 75007 Paris, France
地　　鐵│Duroc（10號線、13號線）／Sèvres-Lecourbe（6號線）
營業時間│Tue-Sun：10h～19h15
價　　位│3.5～6€

經典大師的新鮮甜點
Pierre Hermé（Vaugirard店）

這家分店與Bonarparte店，是Pierre Hermé在巴黎唯一販售新鮮甜點的兩家店，所以經過的時候千萬不要忘了進去欣賞一下大師的經典作品。

（Credit：Jiou Jiou Lin）

Info

網　　頁｜http://www.pierreherme.com/
電　　話｜+33 1 47 83 89 97
地　　址｜185 Rue de Vaugirard, 75015 Paris, France
地　　鐵｜Pasteur（6號線、12號線）
營業時間｜Mon-Thu：10h～19h／Fri-Sat：10h～20h／Sun：9h～17h
價　　位｜甜點：約7.5€／馬卡龍：單個2.1€，另有不同入數的盒裝可供選擇。

一條街上的甜點傳承
Des Gâteaux et du Pain（Pasteur店）

這是Claire Damon在二十九歲時開設的第一家甜點店，隔著Boulevard Pasteur和她的老師Pierre Hermé在Rue de Vaugirard上的分店遙遙相對。

Info

網　　頁｜http://www.desgateauxetdupain.com/
電　　話｜+33 1 45 38 94 16
地　　址｜63 Boulevard Pasteur, 75015 Paris, France
地　　鐵｜Pasteur（6號線、12號線）
營業時間｜Mon：9h～20h／Wed-Sat：9h～20h／Sun：9h～18h
價　　位｜甜點：6～8€

溫馨工業風的精品咖啡廳

Coutume Café（Babylone店）

註：1.Meilleurs Torréfacteur de France（Best Roasters in France）。

飲品類 **4** ☕

Coutume Café是巴黎最早開設的一家精品咖啡店之一，由CUT Architectures設計，以化學實驗室的概念打造一個充滿現代工業風、但又不失溫暖的空間。這裡每天都提供兩種產地的espresso，還有一台夢幻的Synesso Cyncra義式咖啡機，另外每個月推出一款不同的濾泡式咖啡。這裡所有的咖啡豆皆來自巴黎本地的烘豆商，Coutume自己也是巴黎著名的烘豆品牌，烘豆師Antoine Netien在2011年贏得法國最佳烘豆師[1]頭銜。好咖啡以外，這裡的三明治和早餐也非常美味，很值得在週間的早上悠閒地享用。下午茶甜點也有不少選擇，我在巴黎的第一塊紅蘿蔔蛋糕就是在這裡嘗到的。

Info

網　　頁｜http://www.coutumecafe.com/
電　　話｜+33 1 45 51 50 47
地　　址｜47 Rue de Babylone, 75007 Paris, France
地　　鐵｜Saint François Xavier（13號線）、Vaneau（10號線）
營業時間｜Mon-Fri：8h～18h／Sat-Sun：9h～18h
價　　位｜咖啡：2～7€／甜點：4～6€／鹹食：4～10€

Chapter 2

啡香四溢的巴士底
——共和國廣場

過去巴黎並不是以好喝的咖啡出名，世界知名的咖啡店如雙
叟、花神等，其實是以知識分子與作家、藝術家等菁英聚集地
的象徵而聲名大噪。但最近這兩年，巴黎開始出現注重咖啡品
質、咖啡豆產地、以及烘焙方式的精品咖啡店，從 Bastille 巴
士底廣場一直到 République 共和國廣場，包含 Haute Marais
上瑪黑的這個區域，現在已經滿滿都是這類新型的咖啡店家。
此外，美式早午餐文化也開始席捲這個驕傲矜持的城市，週末
睡得飽飽的、然後和朋友一起去吃個早午餐，是巴黎年輕人最
流行的休閒行程。

01
一杯咖啡，
佐Boulevard
Beaumarchais的日光

RUE DU PONT AUX CHOUX

BOOT CAFÉ

MUSÉE NATIONAL PICASSO-PARIS

← 往瑪黑區

N

RUE SAINT-GILLES

RUE DES MINIMES

LE CAFÉ CHINOIS

RUE DE BÉARN

往PLACE DES VOSGES ↓

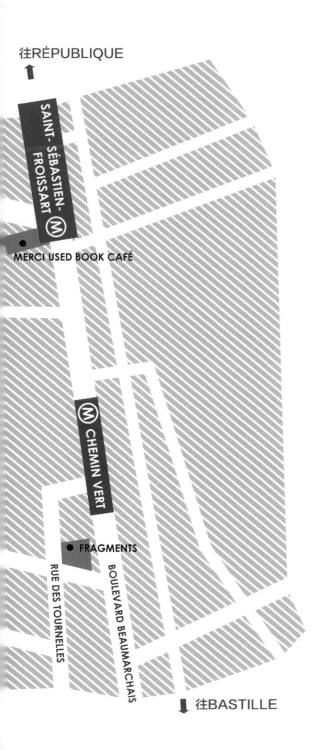

往RÉPUBLIQUE

SAINT- SÉBASTIEN-
FROISSART

Ⓜ

● MERCI USED BOOK CAFÉ

Ⓜ CHEMIN VERT

● FRAGMENTS

RUE DES TOURNELLES

BOULEVARD BEAUMARCHAIS

往BASTILLE

這一區裡我最常散步的路線就是 Boulevard Beaumarchais 博馬舍大道沿線。雖然是條交通繁忙的主要幹道，但兩邊滿滿的綠樹、美麗的住宅、種類豐富的店家，以及各式各樣的建築細節，都讓走路成為非常愜意的享受。巴黎的獨立精品咖啡館也多半散佈在這條大道兩邊的街道裡。這條路線是從 Bastille 巴士底廣場出發、往 République 共和國廣場方向的左手邊，和上瑪黑區相連的這一塊。我很常在和朋友見面喝完咖啡後，一路往 Bastille 方向走，在 Rue du Pas de la Mule 右轉至 Place des Vosges 孚日廣場。在公園裡坐著曬太陽、發一下呆，然後在瑪黑區逛逛街、或是在 Musée Picasso 畢卡索美術館附近的巷子裡閒晃，可以看到非常日常而美麗的巴黎風情。

巴黎最小的咖啡店
Boot Café

飲品類 **1** ⎰☕⎱

由鎖店改裝、僅有九平方公尺，實際上就是在兩片牆中間的Boot Café，是巴黎最小的咖啡館。地方雖然小，但是店內仍能擺下吧檯與三張圓桌。除了偶爾經過、被充滿風格的店面吸引進來的過路客外，這裡總是充滿著忠實顧客與barista的談笑聲，即使是互相不認識的客人，也會因為店裡輕鬆的氣氛開始聊天。天氣好的時候，客人們會自己將店裡鮮豔的綠色、黃色凳子拿到戶外坐在人行道上，並用窗框當作桌子放置咖啡、杯盤。水藍色店面、經時光沖洗的斑駁巴黎味，再加上總是在這裡聚集的巴黎名人，Boot Café永遠是這條路上最引人注目的風景。

這裡也是巴黎最常出現在Instagram上面的咖啡店，人人打卡的店面不必說，店裡的每個角落也都別有風情。每天每張桌子上都有鮮花、牆上擺著可愛的盆栽與不同城市的海

●●● ———————————————

<u>1</u> 店內空間不大,牆上貼滿照片與海報,自有一番風情。

<u>2</u> 桌上的鮮花、一旁架上的雜誌與擺設,都是這裡的獨特魅力。

<u>3</u> 這裡總是充滿了忠實顧客與barista的談笑聲。

報、腳邊堆著各種藝術、設計、建築、電影等的雜誌,再加上極有個性的barista們,難怪這裡會迅速成為巴黎知名景點。

一手打造這家店的老闆Phil來自紐約,非常喜歡亞洲的食物與文化,2015年暑假來過台東都蘭衝浪,對台灣美味的包子念念不忘。我曾經私下教過他如何做出基本的肉包,他也在考慮將包子放進店內的菜單中。目前店裡除了咖啡店必備的貝果及簡單點心之外,也開始販賣每日現煮的粥。

Info

網　　頁｜https://www.facebook.com/bootcafe/
電　　話｜+33 1 73 70 14 57
地　　址｜19 Rue du Pont aux Choux, 75003
　　　　　Paris, France
地　　鐵｜Saint- Sébastien-Froissart（8號線）
營業時間｜Mon-Sun：10h～18h
價　　位｜咖啡與飲料：2.5～4.5€；甜點：
　　　　　4€；其他餐點：6.5€～8€

1

書海中啜一口生活滋味
Merci Used Book Café

飲 品 類 2
藝 文 類

Merci由法國高檔童裝品牌Bonpoint的創辦人Bernard和Marie-France Cohen在2009年成立，他們認為當時的巴黎缺乏一個將頂尖時尚、設計、家居用品與友善用餐環境結合的地方，所以成立了Merci這個給予新舊品牌、現代與復古商品、年輕與知名設計師都能有機會展示作品的概念店。如今Merci是巴黎引領潮流的複合時尚概念店，販賣家具、雜貨、文具、珠寶、服飾等，每隔一陣子就會在一樓大廳做主題式的陳列與展覽。這裡也是許多文青來巴黎時不可錯過的朝聖地。

Merci概念店裡總共有兩家咖啡店、一個餐廳，而這家讓所有愛書人都會驚呼的舊書咖啡店有自己獨立的入口，從Boulevard Baumarchais上一直延伸到概念店的大廳旁。牆面是從天花板延展至地面的書架，上頭滿滿的擺著舊書，所有的舊書都可以拿下來翻閱、也

● ● ●

1 Merci的庭院裡停著一台非常吸睛的古董車，後面就是漂亮的Used Book Café。

2 愛書人一定會喜愛的空間。

可以購買。面對著充滿綠意的中庭，Used Book Café用水晶燈與60年代的老燈佈置，營造出溫暖懷舊的空間。店裡使用的都是老家具，但每一桌使用的桌椅都不同。靠近馬路的大空間內有溫暖低矮的沙發，有的以刺繡花布包裹、有的是絨布或皮製的古典沙發，通向大廳展示空間的桌椅則充滿現代質感。不管坐到哪一個位置，都讓人不想離開。雖然這裡不是精品咖啡店，但是也有好喝的咖啡與拿鐵，下午茶的司康、熱蜂蜜檸檬水、以及夏天才有的自家製冰茶也都相當推薦。

Info

網　　頁｜https://www.merci-merci.com/en/le-111-beaumarchais/le-used-book-cafe
電　　話｜+33 1 42 77 78 92
地　　址｜111 Boulevard Beaumarchais, 75003 Paris, France
地　　鐵｜Saint- Sébastien-Froissart （8號線）
營業時間｜Mon-Sat：10h～18h30
價　　位｜咖啡與飲料：2.5～7€；酒類：15～70€；其他餐點：4.5€～7€

巴黎數一數二的精品咖啡
Fragments

摩洛哥裔的法國年輕老闆Youssef Louanjli，在2013年結束自己於蒙馬特開設的Black Market咖啡店之後，很快地在Boulevard Beaumarchais後面安靜的巷子裡，為自己和那台帥氣的Mirage義式咖啡機找到了新的落腳處。很難想像Youssef是在2012年第一次喝到咖啡、然後才從此一頭栽進咖啡的世界中的，畢竟現在的Fragments已是巴黎精品咖啡店數一數二的名店。

除了對堅持咖啡品質、花了無數的時間研究之外，Fragments在裝潢與氣氛的塑造上也下了不少功夫。黑色低調的門面、木質的吧檯、淺色的磚牆，加上非常引人注目的巴黎第一台Mirage咖啡機、以及在牆上俯瞰整間店的李小龍海報，如此反差給Fragments的空間帶來既放鬆又充滿活力的氣氛。這裡的咖啡豆是由Youssef自己精選，來自巴黎本地的

2 3

Coutume[1]、Belleville Brûlerie、以及丹麥的Coffee Collective
等。這裡每日現做的餐點有著Youssef堅持食物品質的初衷，
在Black Market時代，他便直接與本地小農合作、販賣新鮮
當季蔬果，「只想提供最好品質的東西」的信念，讓這裡
的食物也成為一個不可錯過的亮點。另外推薦這裡的chai
latté，比其他咖啡館來得稍微辛辣的新鮮香料、配上濃純的
鮮奶，能夠讓人從心裡溫暖起來。

Fragments也是著名的巴黎Instagram打卡聖地，門口的木質
長板凳與復古腳踏車都非常適合拍照。在這裡會遇到非常多
巴黎社群媒體圈的名人，包括Boot Café的老闆也是這裡的
常客。

註：1.Coutume Café是巴黎知名的精品咖啡店與烘豆商，請見P.77。這裡也是
Youssef Louanjli第一次喝到咖啡、並為之驚豔，從此踏入咖啡世界的啟蒙地。

●●●
1 Youssef和Boot Café的
老闆Phil在Fragments門
口閒聊，交換心得。

2 Fragments出名的
Mirage咖啡機與牆上的李
小龍海報。

3 我與倫敦的Jessica
（@snowflakesfairy）和
巴黎的Arthur（@arthur_
gosse）一起在Fragments
喝咖啡。兩位都是相當知
名的Instagrammer。這天
下午，Jessica和我們示範
她最出名的咖啡照片場景
布置法。（Credit：Arthur
Gosse）

Info
網　　頁｜https://www.facebook.com/Fragments-Paris-515511241861260/
地　　址｜76 Rue des Tournelles, 75003 Paris, France
地　　鐵｜Chemin Vert（8號線）
營業時間｜Mon-Fri：8h～18h／Sat-Sun：10h～18h
價　　位｜咖啡與飲料：2.5～6€；其他餐點：8～10€

沉浸在午後的亞洲風情

Le Café Chinois

飲品類 · 餐廳類

Le Café Chinois「中國咖啡館」是上瑪黑區一個非常有特色的咖啡館，紅色斑駁的門面與店名相呼應。打開大門之後，會意外地發現極像台灣麵攤的開放式廚房，連使用的麵碗也是台灣常見的款式。這間咖啡館是由一對喜愛旅遊、特別鍾愛亞洲的法國夫妻開設，店裡面的陳設，如老舊的藤椅、木製茶几、斑駁的小圓桌與板凳等，也都有濃濃的亞洲風。這裡供應種類眾多的茶品，包括各式綠茶、紅茶到花草茶、夏天還有冰茶等，茶種除了來自越南、中國之外，也有一些經典的世界茶款，如伯爵茶、南非茶。店主特別推薦口感清淡略為苦澀的越南蓮花茶，另外也有咖啡和亞洲健康飲品豆奶。午餐時間供應「slow lunch」，是每日略有不同的現做亞洲風味餐點，例如薑汁鮪魚飯、海苔芫荽飯、素食豆腐咖哩、炒蘆筍豆干烏龍麵。店後方有一個空間專賣亞洲來的工藝品，例如日式茶碗、越南的茶壺、小酒杯等。

這裡非常適合想和朋友好好放鬆聊天的時候來，過了午餐時間後人潮略減，能夠安靜地一邊沉浸在亞洲風情裡、一邊喝壺好茶。雖然也可以喝咖啡，但建議點壺茶，可以順便欣賞別處難得一見的美麗茶具。

●●● ────────────

1 店內令人想起台灣的開放式廚房。

2 店後方展示的各種工藝品。

3 牆上擺滿了瓶瓶罐罐，有種莫名的親切感。

4 值得仔細欣賞的漂亮茶具。

Info

網　　頁	http://www.lecafechinois.fr/
電　　話	+33 1 42 71 47 43
地　　址	7 Rue de Béarn, 75003 Paris, France
地　　鐵	Chemin Vert（8號線）
營業時間	Mon-Fri：12h～17h（午餐：12h～15h）
價　　位	咖啡與飲料：2～6€；甜點：3～5€；其他餐點：4€～6€

02
漫步在幽靜可愛的小巷

這條路線是路線1隔著Boulevard Beaumarchais的另外一邊，往 Richard-Lenoir與St. Ambroise、Oberkampf方向。雖然沒有前一條那麼熱鬧，但小巷中仍有許多可愛的店家。沿著Passage Saint-Pierre Amelot一直往Boulevard Voltaire伏爾泰大道走，就可以看到這裡最著名的景點──建於1864年、有著中國風的Le Bataclan巴塔克蘭劇院❶。再持續往北走，就會到達聖馬丁運河。

註：1.這裡也是2015年11月13日巴黎大規模恐怖攻擊的地點，當時的事件震驚全球，全巴黎與法國都受到很大的打擊。由於這裡也是我與朋友們經常相約的地方，現在回想起來仍然覺得不可置信。如今的巴塔克蘭劇院與整個街區已恢復平靜、並預定於2016年11月12日重新開幕，但每次走到這裡，心裡都還是湧上各種複雜的情緒，衷心希望哪一天人類可以不再用仇恨與報復的方式來面對彼此的不同。

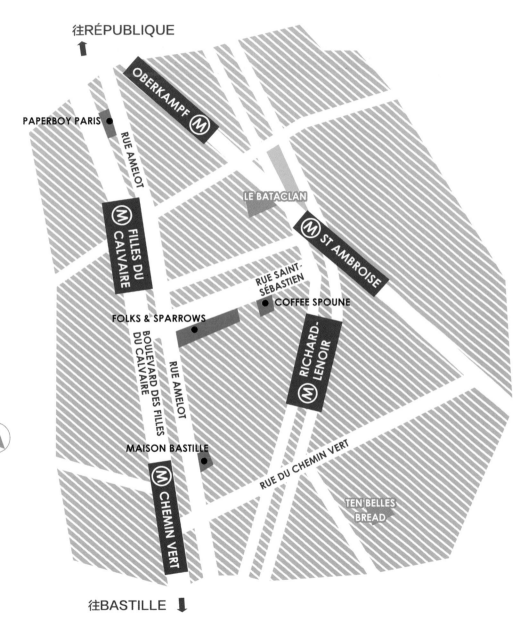

往RÉPUBLIQUE

OBERKAMPF Ⓜ

PAPERBOY PARIS ●

RUE AMELOT

Ⓜ FILLES DU CALVAIRE

LE BATACLAN

Ⓜ ST AMBROISE

RUE SAINT-SÉBASTIEN

● COFFEE SPOUNE

FOLKS & SPARROWS ●

BOULEVARD DES FILLES DU CALVAIRE

RUE AMELOT

RICHARD-LENOIR Ⓜ

N

MAISON BASTILLE ●

RUE DU CHEMIN VERT

Ⓜ CHEMIN VERT

TEN BELLES BREAD

往BASTILLE

1 2

粗中有細的食品雜貨舖
Folks & Sparrows

飲品類・餐廳類 1

2014年夏天開幕的Folks & Sparrows，是巴黎十一區的咖啡地景裡另一個值得拜訪的店家。有著美麗大鬍子的老闆Franck在巴黎出生，但在紐約待了十年，從一家餐廳的服務生做起，最後成了那裡的經理。他形容紐約是他的第二個家，在紐約的經驗給了他靈感，讓選擇他回到出生的地方，打造一個結合好咖啡、美味三明治、以及精選食品雜貨的空間。

Folks & Sparrows有著巴黎咖啡店少見的寬敞，桌與桌之間有著適當的距離、空間裡也有留白。一進門藍黑色的菱形地板花紋帶來視覺上的跳躍動感，但深色的木桌又將整個氣氛沉靜下來；白牆之外，一部分裸露的磚牆與水泥增加了些許粗獷風格。店門口左邊的牆上擺著Franck從世界精選而來的好商品，例如布魯克林的醃漬小黃瓜、堪薩斯的BBQ醬、布魯塞爾的餅乾組合、以及里斯本的沙丁魚罐頭等。這裡的咖啡豆是由知名本地咖啡烘豆商Café Lomi❶特製烘焙，每日現做的三明治夾在酥脆的法國長棍麵包中，有起士、火腿、烤牛肉、鮭魚與素食等選擇。值得一提的是，三明治上桌或外帶時都會用牛皮紙包裹起來，再以紙繩固定、小花裝飾，意外的細緻令人非常驚喜。

Info

網　　頁｜https://www.facebook.com/folksandsparrows/
電　　話｜+33 9 81 45 90 99
地　　址｜14 Rue Saint-Sébastien, 75011 Paris, France
地　　鐵｜Saint- Sébastien-Froissart（8號線）
營業時間｜Tue-Sun：10h～18h
價　　位｜咖啡與飲料：2.5～4.5€；甜點：3.5～5€；三
　　　　　明治：7.5～8.5€；其他餐點：5.5～9€

註：1.Café Lomi位於巴黎十八區，是一家非常有名的精品咖啡店、也是少數的本地專業烘豆商之一。

来塊cheesecake，享受閒靜午後

Coffee Spoune

飲品類 **2**

沿著Rue Saint-Sébastien繼續往地鐵Saint Ambroise的方向走，就會在右手邊發現另外一個非常有個性的咖啡店。店門口相當低調，只擺著小小的木框黑板，上面寫著早餐、沙拉、三明治、咖啡、蛋糕、點心等，祝路過的行人有個美好的一天，進了門之後，才知道這裡別有洞天。靠近門口的空間有著大大的窗戶可以看路過行人、也能看到吧檯準備咖啡與餐點；穿過走廊到了裡面，是一個非常寬敞的房間，大大的牆面上有著四層的書架，這裡是所有客人都可以參與的互動式圖書館，可以在這裡隨意挑一本書享受閱讀的樂趣、也可以帶一本書來與這裡的書交換。這裡有著木製的桌椅、也有能夠放鬆的沙發與抱枕，非常適合享受一個閒靜的午後。

Coffee Spoune的咖啡豆來自另一家名聲響亮的巴黎烘豆商 L'Arbre à café，有數種不同咖啡豆選擇。另一個值得推薦的是這裡的cheesecake，細膩滑順、奶香濃郁，是巴黎數一數二的好吃。

Info

網　　頁｜https://www.facebook.com/coffeespoune/
電　　話｜+33 1 43 55 37 20
地　　址｜36 Rue Saint-Sébastien, 75011 Paris, France
地　　鐵｜Saint Ambroise（9號線）／Richard Lenoir（8號線）
營業時間｜Mon-Fri：8h～18h／Sat-Sun：10h～18h
價　　位｜咖啡與飲料：2.5～5€；甜點：2.5～5€；三明治與
　　　　　其他餐點：6～8€；週日早午餐：22€

●●● ─────────

1 架上陳列著Γrank精選的商品。

2 店裡採用Café Lomi特製烘焙的好咖啡。

3 店內後方的互動式圖書館。

4 好吃的cheese cake。

1

2

清新健康的無麩質美味
Maison Bastille

風格清新可愛、宛如直接從雜誌上剪下來的圖片般，Maison Bastille是一個相當受歡迎的餐廳。門口的紅色推車上放了綠色盆栽，進了門則是以白色為基調的室內空間。這裡細節的佈置非常女性化，整片黃綠小碎花的壁紙與大片的白色的磚牆交錯、木桌上放著可愛的白色水壺與盆栽，餐具杯盤等也都非常講究。

Maison Bastille這裡在平日供應早餐和午餐，週六則有早午餐。所有的餐點與果汁都是每日店裡新鮮現做，而且無麩質（gluten-free）、多蔬果，光是沙拉就有五、六種選擇。這裡的沙拉絕對不是只有無趣的沙拉葉加上醬汁，而是由各式各樣的蔬果如馬鈴薯、扁豆、藜麥等，每天以不同的烹調與調味方式製成。午餐菜單設計非常有趣，以客人當時的胃口做選擇，如果不太餓的話，可以選擇三種沙拉或一碗湯加兩種沙拉，另外附上本日甜點；假如胃口比較好，就可以再加上一塊鹹派，另外也供應當日的蔬菜咖哩套餐。

週六的早午餐很受歡迎，麵包會放在竹籃中、水煮蛋上還會套著可愛動物形象的保溫套，對細節的用心吸引了許多巴黎女孩與帶著小朋友的媽媽們。

Info

網　　頁｜http://www.maisonbastille.com/
電　　話｜+33 1 58 30 69 18
地　　址｜34 bis Rue Amelot, 75011 Paris, France
地　　鐵｜Chemin Vert（8號線）
營業時間｜Mon-Fri：10h～15h／Sat：11h～18h
價　　位｜咖啡或飲料：2～5€；甜點：3.5～5.5€；早餐：3.5～
　　　　　4.5€；午餐：9.9～12.5€；早午餐（週六）：22€

●●●
1 門口的紅色推車，可愛又搶眼。

2 新鮮現做的美味沙拉。

3 豐盛的內容與多樣的選擇，讓PaperBoy成為最受歡迎的早午餐。

3

分量豐盛選擇多的排隊名店

PaperBoy Paris

餐廳類 4

PaperBoy Paris是巴黎最受歡迎的早午餐地點之一，每到週末都擠滿排隊人潮。不大的店裡有著極簡的的裝潢風格，例如營造乾淨空間感的白色牆面、以及木質的地板。地板上的復古印花和白色磁磚櫃檯前的復古腳踏車，則添加了活潑與休閒的氣氛。這裡提供新鮮、有機、且份量充足的美式早午餐，另外也有英式與法式的選擇，因此除了鬆餅、班乃迪克蛋外，也可以吃到英式燉豆子、水煮蛋和可頌。每一種早午餐選擇都附上現打的有機綜合果汁、新鮮麵包和果醬。另外有三明治、沙拉、湯和其他配菜選擇。

由於這裡實在太受歡迎，週末最好提早在中午之前來，否則排隊時間至少要四十五分鐘到一小時。

Info

網　　頁｜https://www.facebook.com/PaperBoyParis/
電　　話｜+33 1 43 38 12 13
地　　址｜137 Rue Amelot, 75011 Paris, France
地　　鐵｜Oberkampf（5號線、9號線）／Filles du Calvaire（8號線）
營業時間｜Tue-Fri：12h～16h／Sat-Sun：10h～16h
價　　位｜咖啡與飲料：2～6€；甜點：5€；三明治與沙拉：10～14€；早午餐（週六日）：15～23€

03

穿梭在靜謐的
住宅與公園間

CAFÉ OBERKAMPF

RUE OBERKAMPF

RUE NEUVE POPINCOURT

AVENUE PARMENTIER

RUE TERNAUX

CHAMBELLAND

往LE BATACLAN

N

這是從 Le Bataclan 巴塔克蘭劇院穿過 Boulevard Voltaire 伏爾泰大道後，再往更東邊的區域。這裡大路旁邊有不少店家，但巷子裡多半是安靜的住宅區，走起路來非常宜人，而且時不時就會遇到可愛的小公園；可以感受一下巴黎當地人的生活風景。

AVENUE DE LA RÉPUBLIQUE

(M) ST MAUR

AVENUE PARMENTIER

RUE LACHARRIÈRE

RUE DU GÉNÉRAL GUILHEM

PASSAGE GUILHEM

BROKEN BISCUITS

SQUARE MAURICE GARDETTE

RUE DU GÉNÉRAL BLAISE

THE BEANS ON FIRE

RUE DU GÉNÉRAL RENAULT

RUE ROCHEBRUNE

為愛而生的美味早午餐

Café Oberkampf

2015年夏天開幕，Café Oberkampf為巴黎的精品咖啡店地圖再添了一顆星。原籍英國的老闆Guy Griffin，因為太太希望能在住家附近有個好的早餐店，興起了自己開店的想法、也因此造就了如今以美味餐點聞名的Café Oberkampf。

比巴黎一般精品咖啡店更早、平日八點半就開門，在這裡有相當多樣化的早餐選擇，從健康的優格搭配穀片、到英式燕麥粥、燉豆子、以及香蕉蛋糕與餅乾，每一種都非常吸引人。其中香蕉麵包在上桌前還會兩面重新烘烤過，所以香氣特別濃郁、滋味也更甜美。其他時間的餐點，除了精品咖啡店定番的酪梨吐司 （這裡是以希臘feta起司與萊姆調味） 之外，還有以水煮蛋搭配番茄、紅椒、洋蔥、大蒜、孜然與突尼西亞辣醬harissa的shakshuka，這道料理顏色繽紛引人食慾，放在小的鑄鐵平底鍋裡上桌非常可愛，也是這裡的招牌餐點。

2

美味餐點之餘,這裡的咖啡品質也不含糊,使用Coutume咖啡豆的咖啡柔和順口。另外店內裝潢明亮可愛、色調輕柔,是各方面都表現在水準以上的一家小店,無怪乎開店沒多久,就相當受歡迎。除了文青與弄潮兒之外、這裡也是附近居民的愛店,由於店面較小,所以不見得隨時有空位入座,週末特別一位難求。

●●● ————————

1 藍色的店面在巷弄中別具一格。

2 來這邊品嘗充滿愛心的美味早餐吧!

Info

網　　　頁│http://cafcoberkampf.com/
地　　　址│3 Rue Neuve Popincourt, 75011 Paris, France
地　　　鐵│Parmentier(3號線)/Oberkampf(5號線、9號線)
營 業 時 間│Mon:8h30~17h/Thu-Fri:8h30~17h/Sat-Sun:
　　　　　　9h30~17h
價　　　位│咖啡與飲料:2.5~6€;甜點:4~6€;三明治與其他餐
　　　　　　點:6~16€

1

打破你對無麩質的乏味印象

Chambelland

巴黎除了是甜點之城外，也是個麵包之城，幾乎每條街的轉角都可以找到一家麵包店。然而這個有著悠久麵包傳統的城市，也是一個在飲食實踐上相對保守的城市，許多飲食風潮都流行的較其他國際大都市慢，例如gluten-free無麩質的選項。Chambelland是巴黎少數幾家提供無麩質麵包的麵包店，而且他們只做無麩質麵包。由於不使用小麥磨成的麵粉，而改以米粉、蕎麥粉等代替，所以一般而言無麩質麵包缺乏彈性，口感難與普通麵包相抗衡。甜點就更不用說了，除了難度變高之外，連風味也經常被犧牲。然而，這件事在Chambelland卻絲毫沒有發生，這是一家能完全扭轉大家對無麩質麵包與甜點印象的麵包店。如果不特別提，其實很難發現它們美味的麵包與甜點全部都是無麩質的。

Chambelland的創辦人Nathaniel Doboin和Thomas Teffr-Chambelland從一開始便決定採取最高規格來製作他們的產品。他們在普羅旺斯有自己專門的磨坊，合作的磨坊主人

cheese coke
(la part)

creamcheese, citron vert

à emporter 4,30€
sur place 5,40€

tarte du printemps

farine de riz et sarrasin, crème
d'amande, fraises

à emporter 4,30€
sur place 5,40€

tarte pur chocolat

ferina de riz et sarrasin, chocolat
maison Bachès pur origine 70%

à emporter 3,80€
sur place 5€

● ● ● ——————————————

1 沉穩的店內裝潢。

2 就算無麩質，這裡的甜點依舊繽紛美味。

Stéphane Pichard家中世代經營磨坊，他也與Thomas認識多年。這個磨坊是專門設立來磨製米粉，從輾穀開始，便嚴格排除一切可能沾染小麥的作業環境。除了原料的來源讓人放心之外，剛剛提到這裡的產品風味與一般麵包甜點店殊無二致，反而更加細緻。各種不同風味的佛卡夏麵包、多穀物麵包、以及依季節不同而變換的水果塔等，都很值得一嘗。

Info

網　　　頁｜http://chambelland.com/
電　　　話｜+33 1 43 55 07 30
地　　　址｜14 Rue Ternaux, 75011 Paris, France
地　　　鐵｜Parmentier（3號線）／Oberkampf（5號線、9號線）
營業時間｜Tue-Sun：9h～20h
價　　　位｜麵包：2～10€；甜點：2.5～4.5€

在地深耕的咖啡社群
The Beans On Fire

在巴黎日漸蓬勃與多元的咖啡地景中，The Beans On Fire有些與眾不同之處值得一訪。來自哥倫比亞的創辦人Andrés Hoyos-Gomez原本在管理顧問業的龍頭McKinsey & Company工作，離職前一年造訪世界各地的經驗，不僅讓他決定投入咖啡產業、更啟發了他對The Beans On Fire營運模式的想法。他在那一年間，被各地的人們以共同協作、以社群而非個人推動企劃進行的方式而感動，決定也要用這種方式來經營他自己的店。

The Beans On Fire與巴黎北邊另一家知名的咖啡店KB Caféshop合作，在店裡設置了一台巨大的Diedrich專業烘豆機、向顧客以及咖啡愛好者展示烘咖啡豆的過程。除了顧客可以在來店品嘗咖啡時順便學習咖啡相關知識，他們也有不定期的教學課程與workshop，提供咖啡豆選擇、調配等相關諮商服務。The Beans On Fire積極地與其他咖啡業者或烘焙師合作、烘出特製的豆子，在這裡，每一包售出的咖啡豆都會標上烘豆師、咖啡豆生

2

產廠商、以及為烘豆與調配提供諮詢的專家姓名。這樣的作法除了能夠給顧客提供更廣泛、更個人化的選擇，也讓個人在消費與生產的過程中皆成為咖啡社群的一份子，而咖啡不只是一杯飲料，而是眾人協作的果實。

回到咖啡店本身，除了積極地扮演本地咖啡文化與創新的育成角色外，The Beans On Fire有一個非常明亮且通透的空間、面對Square Maurice Gardette公園的綠意，天氣好的時候更有愜意的戶外座位，在這裡很容易就放鬆的忘了時間。此外，他們也和Boneshaker Doughnuts❶合作，能在這裡品嘗到道地的美式甜甜圈。

●●●
1 精緻的拉花與無懈可擊的氣氛

2 這些來自Boneshaker Doughnuts的甜甜圈。

註：1.Boneshaker Doughnuts是巴黎一家手工甜甜圈工作室，供應甜甜圈給幾家巴黎精品咖啡店如The Beans On Fire, Honor、Ob-La- Di等，2016年7月已在巴黎二區開設自己的店面，地址是77 Rue d' Aboukir, 75002 Paris, France。請參見P.153。

Info

網　　頁｜http://thebeansonfire.com/
電　　話｜+33 1 43 55 94 73
地　　址｜7 Rue du Général Blaise, 75011 Paris, France
地　　鐵｜Rue Saint-Maur（3號線）／Père Lachaise（3號線）／Saint Ambroise（9號線）
營業時間｜Mon-Thu：8h～17h／Fri-Sun：9h～18h
價　　位｜咖啡與其他飲料：2.4～6€；甜點：2.5～4€

純樸外表下的暖心美味
Broken Biscuits

甜點類・飲品類 4

在自己開店之前，Broken Biscuits的美味甜點早就已經出現在其他巴黎知名咖啡店，如Ten Belles❶、Fondation、Honor、Loustic的甜點櫃裡，愛爾蘭籍的Christine O'Sullivan和Chris Wilson在搬來巴黎之前就已經是在都柏林有相當經驗的甜點師，其中Christine還曾參加MasterChef愛爾蘭區的比賽、並一路進入最後決賽名單中；而Chris也在甜點界工作了十年以上。

雖然同樣自Ferrandi畢業、受過正統法式甜點的訓練，Christine想做的卻和一般法式甜點店的甜點不同，不是完美精緻、毫無缺陷的外表，而是強調能夠帶給人幸福與美味記憶的點心。而在和上述咖啡店的合作中，他們發現法國的客人也同樣欣賞那些樸實、傳統的甜點。Broken Biscuits的甜點風格結合了英美傳統、再加上一些法國風，外型簡單可愛，但每一個元素都用心製作，例如好吃的原味香草蛋糕上面蓋著分量剛好的糖霜、再加上新鮮的藍莓裝飾，以及使用充滿奶油香的酥鬆塔皮、加上香氣與滋味都非常出色的無花果烤成的無花果塔等。

●●●
小巧溫馨的店面。

1 也供應巴黎許多精品咖啡店的磅蛋糕與手工餅乾。

2 樸實可愛的甜點。

3 小巧的店面後方就是廚房，Christine和Chris正專注忙碌地工作著。

這家店在Square Maurice Gardette公園另外一邊的安靜小巷中，小巧的店面後方就是開放式廚房，Christine和Chris一邊工作、一邊招呼客人。他們倆人都不是話多的類型，但專注的工作神情非常吸引人，整間店散發著一種讓人安心的氣氛，很適合安安靜靜的喝一杯茶、享用點心。這裡採用Belleville Brûlerie❷的咖啡豆，原本只供應濾過式咖啡（filtered coffee）與冰咖啡，但現在也開始供應espresso與拿鐵等。

註：
1. Ten Belles位於巴黎10區，在聖馬丁運河附近，是巴黎最早也最出名的精品咖啡店之一。會在第四章中（P.196）介紹。
2. Belleville Brûlerie位於巴黎19區，是巴黎的本地最大的專業烘豆商之一，供應許多精品咖啡店的咖啡豆。於第四章末尾（P.216）有詳細介紹。

Info

網　　頁｜https://www.facebook.com/brokenbiscuitsparis/
地　　址｜10 Passage Rochebrune, 75011 Paris, France
地　　鐵｜Rue Saint-Maur（3號線）／Père Lachaise（3號線）／Saint Ambroise（9號線）
營業時間｜Wed-Fri：8h30～18h／Sat-Sun：10h～19h
價　　位｜甜點：3～5€；咖啡與其他飲料：2～5€；早餐：1.5～5€；午餐：6～7.5€

2

3

04
時髦餐廳林立的
République

UMAMI MATCHA CAFÉ

M TEMPLE

RUE DE TURBIGO

RUE BÉRANGER

RUE DU TEMPLE

RUE DUPETIT-THOUARS

● LILY OF THE VALLEY

● SEASON

RUE PERRÉE

THE BROKEN ARM

SQUARE DU TEMPLE

RUE DE FRANCHE COMTÉ

RUE DES ARCHIVES

RUE DE BRETAGNE

CAFÉ PINSO (PINSON MARAIS)

BONTEMPS PÂTISSERIE

RUE DE PICARDIE

NANASHI (RUE CHARLOT)

N

MARCHÉ DES EUTANTS ROUGES

往瑪黑區

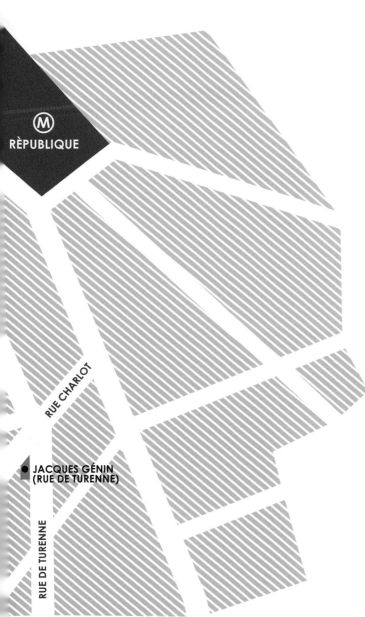

République共和國廣場附近是商業非常繁忙的區域，周邊有各種大型服飾店、電信公司、藥局等。往Temple方向走，會發現市容與店家的型態稍有改變，變得更為時髦與年輕，有各式各樣引領巴黎飲食潮流的餐廳與咖啡店。充滿美食攤商、有超過四百年歷史的Marché des[1] Enfants Rouges紅孩兒市集也在不遠處。

註：1.Marché des Enfants Rouges紅孩兒市集是巴黎歷史最悠久的遮頂市集。在十七世紀時，這裡原本是一個孤兒院，院童皆身著象徵慈善捐贈的紅衣因而得名。孤兒院在法國大革命前就已關閉，但當時的木造建築留存下來。2000年時在當地人的強力支持下，改建為現在的豪華食品市集，裡面除了販賣新鮮蔬果、起司等之外，還有來自世界各地的美食，如日本、黎巴嫩、義大利、非洲料理等，是巴黎著名的觀光景點。

巴黎第一家抹茶專門咖啡店

Umami Matcha Café

飲品類・廚藝類・餐廳類

2016年3月甫開幕的Umami Matcha Café，是全巴黎第一家抹茶專門咖啡店。雖然也賣咖啡與其他輕食等（包括早餐與午餐），但有一整區的飲料是專門獻給抹茶愛好者的，從抹茶shot、抹茶拿鐵、到抹茶白巧克力等，另外還有如抹茶舒芙蕾、抹茶布里歐許、抹茶白巧克力餅乾等甜點。和日本與台灣對抹茶習以為常不同，除了在青木定治的店以外，抹茶出現在法式甜點中的機會少之又少，以往抹茶拿鐵也只有在Café Kitsuné❶是常備品項，是一直到這兩年，抹茶才開始慢慢出現在一些時髦店家的菜單中、並逐漸為巴黎人所知。但即使如此，多數法國人對抹茶這種綠色茶粉末非常不熟悉、也不見得喜歡抹茶的苦澀。正因為如此，這家店一開幕便以特殊的定位吸引了媒體的注意、也成為許多喜愛抹茶的亞洲人口耳相傳的熱門地點。

Umami的創辦人包括三位對日本文化與美食有著高度熱忱的法國人與一位日本人。他們對日本的嚴選素材深具信心、並看準了抹茶的潛力開設了這家店。Umami Matcha Café的店面一半是咖啡店、餐廳、另一半則是高級日本食材雜貨舖，專門進口精選的高級日本食材，例如茶葉、醋、醬油；味噌、米等。店內販售的早餐與午餐等，也是採取日法混合式的做法，譬如早餐有附黑芝麻的水煮蛋、塗上柚子果醬的麵包，午餐則有用奶油白味噌調味、並佐以香菇的義大利麵沙拉等。

Info

網　　頁｜https://www.umamiparis.com/matchacafe
電　　話｜+33 1 48 04 06 02
地　　址｜22 Rue Béranger, 75003 Paris, France
地　　鐵｜République（3號線、5號線、8號線、9號線、11號線）／Temple（3號線）
營業時間｜Tue-Fri：9h～19h／Sat：10h～19h
價　　位｜抹茶類飲料：3～7€；咖啡：2 .5～5€；茶與其他飲料：4.5～7€；甜點：3～6€；早餐：3.5～7€；午餐：12～14€

註：1.Café Kitsuné是時尚與音樂品牌Maison Kitsuné踏入咖啡市場的嘗試。這裡是巴黎最早販賣抹茶拿鐵的精品咖啡店、口味也最正宗。目前在巴黎Palais Royal皇家花園的拱廊裡有一間店（原本在Rue Amelot的二店已暫停營業）、東京青山也有一家分店。巴黎店的地址為：51 Galerie de Montpensier, 75001 Paris, France。

3 4

恍如愛麗絲夢遊仙境的茶沙龍
Lily of the Valley

甜點類 2

天花板上垂著滿滿的綠葉與不同顏色的美麗花朵、靠牆的架子上擺滿了一個個茶葉罐、大理石的檯面上放著大小不同的蛋糕架與美麗的蛋糕、櫃檯下面收藏著各種優雅可愛的茶具與瓷杯、瓷盤，Lily of the Valley就像是將愛麗絲夢遊仙境的場景直接搬到現實生活中。和這個區域內每幾步就一家的精品咖啡店不同，這裡賣的是茶，各種不同品種、產地、與香氣的茶。長方形的店面雖然不大，但是有一股溫馨的家居氣氛，花布的坐墊、可愛的靠枕還有木製的小圓桌，宛如到朋友家裡喝茶一樣舒適。天氣好的時候還能坐在戶外的座位，看著來來往往的行人，十足巴黎風情。

這裡的甜點也全部都是自家製作，每天都有不少選擇，搭配店主精選的茶，很適合和女性朋友們一起度過愉快的下午。最令人開心的是，這裡週一到週日都有營業，不怕臨時想去卻沒有開門。2016年5月，Lily of the Valley在聖馬汀運河附近開了第二家店，看起來也相當可愛溫馨，在席捲這個城市的咖啡風潮中獨樹一格。

1 2 抹茶布里歐許麵包與抹茶拿鐵。

3 4 天花板上垂掛的綠葉讓這裡恍如童話中的茶會。

Info

網　　頁｜https://www.facebook.com/lilyofthevalleyparis/
電　　話｜+33 1 57 40 82 80
地　　址｜Rue Dupetit-Thouars, 75003 Paris, France
地　　鐵｜Temple（3號線）／République（3號線、5號線、8號線、9號線、11號線）
營業時間｜Mon–Fri：8h30～18h30／Sat–Sun：11h～19h
價　　位｜茶：5～15€；咖啡與其他飲料：2～4€；甜點：3～5€

1

選擇多樣的健康飲食潮流

Season

在巴黎三區Temple附近的區域，聚集了不少新潮的咖啡餐館，特徵是明亮寬敞、風格簡潔，提供各種bio或無麩質食品、以及新鮮沙拉、果汁等。Season是其中一家，但它特別的地方在於，除了提供好品質的咖啡、現打果汁與餐點外，還是一個結合了小酒館氣息的餐廳，而且每天從八點半就開始營業到凌晨一點（週日到傍晚七點）。這裡的菜單受到北美飲食潮流的影響，旨在提供均衡、美味、大家都喜愛的餐點，因為掌廚的英國廚師專長是無麩質食品，Season有許多無麩質的選擇。早餐的餐點如granola穀物麥片、開放式香蕉三明治（tartine à la banane）❶、以及açaï bowl❷（混合香蕉泥與巴西莓、上面再加上南瓜子等各種多穀物配料）等，皆是全日供應；三明治與貝果外，甚至還提供港式點心、以及鮪魚生魚片、涼拌越南河粉等時髦的選擇。值得一提的是，這裡的週日早午餐菜單中，有提供我的好友、也是知名Instagramer Linda@hinalys的特製抹茶布里歐許，切面有像豹紋一般的點點抹茶麵團，非常可愛。

Season的室內裝潢相當有特色，他們一樓的用餐區有著既像潑墨山水、又像美麗大理石花紋的牆面，木製的圓桌旁搭配的是具有度假清涼感的藤椅，也是不少人拍照打卡的熱門景點。

註：

1. tartine是將麵包切片後烘烤，上面再塗上奶油、各種果醬或其他甜鹹配料的法式點心吃法，可大略譯為「開放式三明治」。

2. açaï，即英文的acai、acai berry，就是最近風靡全球的巴西莓，含有高量的花青素及優越的抗氧化能力。

1 Season 的開放式香蕉三明治是以烘烤過的無麩質麵包片，加上香蕉切片、杏仁泥、葡萄乾與新鮮水果等。

2 非常健康、有著多種穀物的açai bowl以及可口的貝果。

Info

網　　頁｜http://www.season-paris.com/
電　　話｜33 1 42 71 52 97
地　　址｜1 Rue Charles-François Dupuis, 75003 Paris, France
地　　鐵｜Temple（3號線）／République（3號線、5號線、8號線、9號線、11號線）
營業時間｜Mon-Sat：8h30～1h／Sun：8h30～19h
價　　位｜早餐：5～9€；午餐與其他餐點：12～20€；早午餐（週六、日）：5～20€；甜點：8€；咖啡與其他飲料：2～7€

1

品味咖啡，享受時尚
The Broken Arm

The Broken Arm是由三個好朋友Anaïs Lafarge、Romain Joste
與Guillaume Steinmetz合作創辦的，希望藉由精選的衣物、配
件、以及雜誌、書等，完整呈現他們對「時尚」的理解。展
場旁邊的咖啡店提供高品質的咖啡與餐點，自從2013年2月開
幕以來便非常有人氣。

坐落在安靜的小公園Square du Temple旁邊，The Broken Arm
的咖啡店有著大片的玻璃窗，可以看到滿眼的綠意，裝潢則
是十足的北歐風格，白色的牆面搭配美麗的地板花紋，簡潔
中帶著溫暖與悠閒。天氣好的時候，面向小公園的戶外座位
也會開放，非常適合和朋友們一起喝下午茶。這裡的午餐是

註：1.參見本章路線2
P.92註解。

1 戶外座位面向美麗的小公園，很適合坐在這裡喝下午茶。
2 北歐風的室內裝潢。

由瑞典籍的廚師Linda Granebring製作，有各種新鮮美味的沙拉、三明治與輕食等，也有好喝的果汁，所以午餐時間相當受歡迎、也較為擁擠。既然位於各種精品咖啡店環伺的三區，這裡的咖啡品質同樣不容小覷，咖啡豆是使用Café Lomi❶的特製烘焙、再由專業的barista們使用義大利的Marzocco咖啡機製作而成，下午茶時間也有店家自製的蛋糕與甜點，相當美味。

Info

網　　頁｜http://the-broken-arm.com/
電　　話｜+33 1 44 61 53 60
地　　址｜12 Rue Perrée, 75003 Paris, France
地　　鐵｜Temple（3號線）／République（3號線、5號線、8號線、9號線、11號線）
營業時間｜Tue-Sat：9h～18h
價　　位｜午餐與其他餐點：6.5～18€；甜點：7.5～8.5€；咖啡與其他飲料：2.5～5€

1

2

巧克力狂人的傳奇起點

Jacques Génin（Rue de Turenne店）

甜點類 5

這裡是「巧克力狂人」Jacques Génin❶的第一家店，只有在這裡可以現場品嘗到他知名的羅勒檸檬塔、千層派、以及各種令人垂涎欲滴的美味甜點；另外也可以喝到非常濃郁芳香的熱巧克力。這家店的裝潢色調沉穩、空間寬敞，大廳中央有一個非常漂亮的旋轉樓梯直通二樓的廚房，是甜點迷不可錯過的朝聖地點。

●●●●

1 店內也提供濃郁香醇的熱巧克力。

2 現點現做的千層派也是本店招牌。

註：1.他的故事與經歷請見第一章P.41。

Info

網　　頁	http://jacquesgenin.fr
電　　話	+33 1 45 77 29 01
地　　址	133 Rue de Turenne, 75003 Paris, France
地　　鐵	Temple（3號線）／République（3號線、5號線、8號線、9號線、11號線）
營業時間	Tue-Sat：10h30～19h
價　　位	甜點：6～13€／咖啡與其他飲料：5～10€／9入盒裝夾心巧克力：11€／巧克力磚：7€／水果軟糖：90€/kg（秤重計算）／牛奶糖：110€/kg（秤重計算）

巴黎有機飲食的領頭羊

Café Pinson（Pinson Marais店）

餐廳類・飲品類 6

由法國知名部落客與食譜書《SuperJus》作者Agathe
Audouze創立，Café Pinson是巴黎本地最早開始推廣有機、健
康飲食的餐廳。這裡的果汁永遠是新鮮原料現打的、餐點也是
100％有機、素食（vegetarian），無麩質，另外也有不少純素
（vegan，不含奶蛋）的選擇。在這裡可以吃到許多歐美最新
流行的「super food」（超級食物），例如甘藍菜（kale）、
藜麥（quinoa）、奇亞籽（chia seeds）等。餐點都是自家製
作，且依季節頻繁變更菜單。

Café Pinson的室內設計是由法國知名設計師Dorothée
Meilichzon操刀，白色的牆面搭配沉穩的木質地板，淺色的布
質沙發與深色的藤椅交錯擺放，創造出一個優雅現代的空間。
一進門就可以看到中島型的點餐區，透明的玻璃後面陳列著各
種新鮮沙拉與本日蛋糕，非常引人食慾。

1 極簡的白色牆面搭
配木質大門，讓人想
入內一探究竟。

2 新鮮蔬果以原始的
方式大方呈現，正是
店家的飲食理念。

Info

網　　頁｜http://www.cafepinson.fr/home/
電　　話｜+33 9 83 82 53 53
地　　址｜6 Rue du Forez, 75003 Paris, France
地　　鐵｜Filles du Calvaire（8號線）／Temple（3號線）
營業時間｜Mon-Fri：9h～22h／Sat：10h～22h／Sun：12h～18h（早午餐：
　　　　　12h與14h30共兩場次）
價　　位｜餐點：7～15€；甜點：3.5～7€；咖啡與其他飲料：2.5～6€

來一份充滿活力的便當吧

Nanashi（Rue Charlot店）

餐廳類 7

Nanashi是最早開始將「便當」這種餐點概念現代化、並帶入巴黎飲食界的餐廳。原本由日本及女主廚Kaori Endo掌廚，但現在Kaori本人已經離開，並在十一區開設自己的餐廳Le Petit Keller❶，Nanashi的兩間餐廳❷則延續原有的概念與風格。Kaori原本在倫敦學習餐飲，1995年到了巴黎，一度因為不適應專業廚房的氣氛與軍事化的工作方式，而放棄廚藝改做美食報導與書寫相關工作，後來在人生低潮時又重拾自己對料理的熱愛。她重新開始進入廚房後，先在巴黎相當知名的Rose Bakery❸工作，接著在Nanashi擔任了三年的主廚、並確立了自己的烹飪風格。Nanashi的便當並非全然日式，而是結合了法式飲食的概念、以及兩國的食材、調味、與烹調手法，將健康美味的餐點重新詮釋後帶給大家。

中午的便當通常包含新鮮沙拉、一個肉食或素食的主菜、再搭配各種穀物。另外還有有機鮮鮭魚散壽司、牛丼、三角飯糰、蔬菜味噌湯等。甜點的部分則常用日式食材如抹茶、芝麻、柚子等做變化。

●●●
1 Nanashi的廚房靠著Rue du Forez的窗口，對面就是Café Pinson。
2 越式春捲與三角飯糰。

1

2

Rue Charlot這間店的風格清新，宛如學校食堂般的木桌椅、
黑板上手寫的本日菜單、再加上一進門的開放式廚房，有種
回到學生時代的懷舊氛圍。但這裡氣氛輕鬆，感覺在用餐的
同時就能不知不覺地變得健康與充滿活力。

Info

網　　頁｜http://www.nanashi.fr/
電　　話｜+33 1 44 61 45 49
地　　址｜57 Rue Charlot, 75003 Paris, France
地　　鐵｜Filles du Calvaire（8號線）／Temple（3號
　　　　　線）
營業時間｜Mon-Wed：12h～15h；20h～23h／Thu-Fri：
　　　　　12h～15h；19h30～23h／Sat-Sun：12h～
　　　　　16h；19h30～23h
價　　位｜便當：14～16€；其他餐點：6～18€；甜
　　　　　點：6～7€；飲料：2～10€

3

●●●● ────────────

1 學校食堂般的木桌椅。

2 越式春捲餡料豐富，口感
扎實。

3 清新健康的午餐便當。

註：

1. Le Petit Keller是Kaori Endo將自己喜歡的料理方式與堅持的食材品質（幾乎皆為bio）完整呈現的餐廳。2016年4月開
幕。這裡結合了原本的巴黎小酒館風情，中午提供便當外帶、以及簡單但高品質的美味丼飯，晚餐則以tapas方式呈
現，有許多結合日式與法式、呈現當季食材的創意料理。晚餐菜單主要分為兩種，一種是petits plats，即小份量的菜
餚，可以當成前菜或配菜來享用；另一種則是grands plats，即可以兩到三人分享的大份量主菜，可以任意搭配選擇，
非常自由。如果三五好友聚餐，可以品嘗到各種主廚的精心料理，也能吃得相當豐盛。Le Petit Keller的地址為：13
Rue Keller, 75011 Paris, France。

2. Nanashi原本在六區的餐廳已經結束營業，目前兩家餐廳都在右岸。除了Rue Charlot這家店以外，另外一家位於31 rue
de Paradis, 75010 Paris。

3. Rose Bakery是由英國籍的Rose Carrarini與法國籍的先生Jean-Charles在2002年、巴黎還沒有甚麼人在意bio、高品
質deli（精緻熟食店）的時候就開立的一家小店，提供簡單樸實但美味的英式甜點、以及使用本地新鮮蔬果製成的鹹
派、沙拉、湯與餐點。他們是推動巴黎有機飲食風潮的重要角色，全盛時期擁有兩家餐廳，如今Rose Bakery 2已經停
業，但位於46 Rue des Martyrs的本店與Le Bon Marché的茶沙龍還屹立不搖。

讓人意猶未盡的迷你甜點
Bontemps Pâtisserie

2015年春天開幕，Bontemps就在Square du Temple的另外一側，與The Broken Arm相望。這個一不注意就會錯過的小店有著非常低調優雅的設計，漂亮的拱形玻璃門窗上面燙著黃色的店名，透明鐘型罩和蛋糕托裡放著樸實可愛的甜點及鮮花。店內的裝潢主色調則是漂亮的藍綠色，一進門就是一整面有著葉子圖騰的牆，再加上美麗的彩繪地磚，風格非常清新。

這家甜點店專賣各種由法式塔皮pâte sablée❶為基底創作的各種迷你奶油酥餅（sablés）甜點，也就是將兩片奶油酥餅中間夾入不同口味的奶醬，然後在上層的奶油酥餅上另外以新鮮水果或果凍、奶醬等裝飾，造型相當可愛。推薦口味有經典的草莓馬達加斯加香草、覆盆莓鮮奶油、西西里有機檸檬、榛果等。

●●●
1 低調優雅的店面石牆，一不注意就會錯過。

2 Bontemps的迷你奶油酥餅。

1

2

全部的甜點都是在店內製作，酥餅吃起來奶油香非常濃郁、口感酥鬆，而各種奶醬的風味平衡也掌握得非常令人驚豔，唯一的可惜之處大概是真的很迷你，一口就吃完了實在意猶未盡（不過也因此可以一次嘗到好幾種口味）。也許下次幾個朋友一起來，可以考慮做成愛心狀與花朵型的兩人或多人份的酥餅、或是依季節製作的大型水果塔。週末時大型蛋糕與塔的選擇都較平日多，很適合帶一個回家和家人朋友一起分享。

註：1.法式塔皮基礎大概有三種：pâte brisée、pâte sablée、pâte sucrée，差異主要是在糖、奶油、蛋的份量。其中pâte sablée口感最為酥鬆，也常常作為餅乾麵團，因為一般而言會加入最多的奶油，也可能會使用蛋黃代替全蛋。

2

●●●

1 各種大型的水果塔。

2 Bontemps的精選茶葉、果醬與其他小點心。

Info

網　　頁｜https://www.facebook.com/bontempspatisserie
電　　話｜+33 1 42 74 10 68
地　　址｜57 Rue de Bretagne, 75003 Paris
地　　鐵｜Temple（3號線）／Arts et Metiers（3號線、11號線）
營業時間｜Wed-Fri：11h〜14h；15h〜19h30／Sati：10h〜19h／Sun：10h〜14h；15h〜17h
價　　位｜單個：1.6€；盒裝9個：14€；塔類：19€

05
充滿藝術活力的 Couronnes & Goncourt

比起前面介紹的幾條路線裡，精品咖啡店與複合式餐廳林立，路線五、六附近還算是相當新興的區域。路線五介於 Belleville、Couronnes、Goncourt 與 Parmentier 中間，離聖馬丁運河也不遠。這個區域居住的巴黎人平均年齡較為年輕，有許多藝術家選擇在這附近落腳，也有非常多的酒吧、餐廳、傳統的巴黎咖啡店等，是相當豐富有活力的一區。

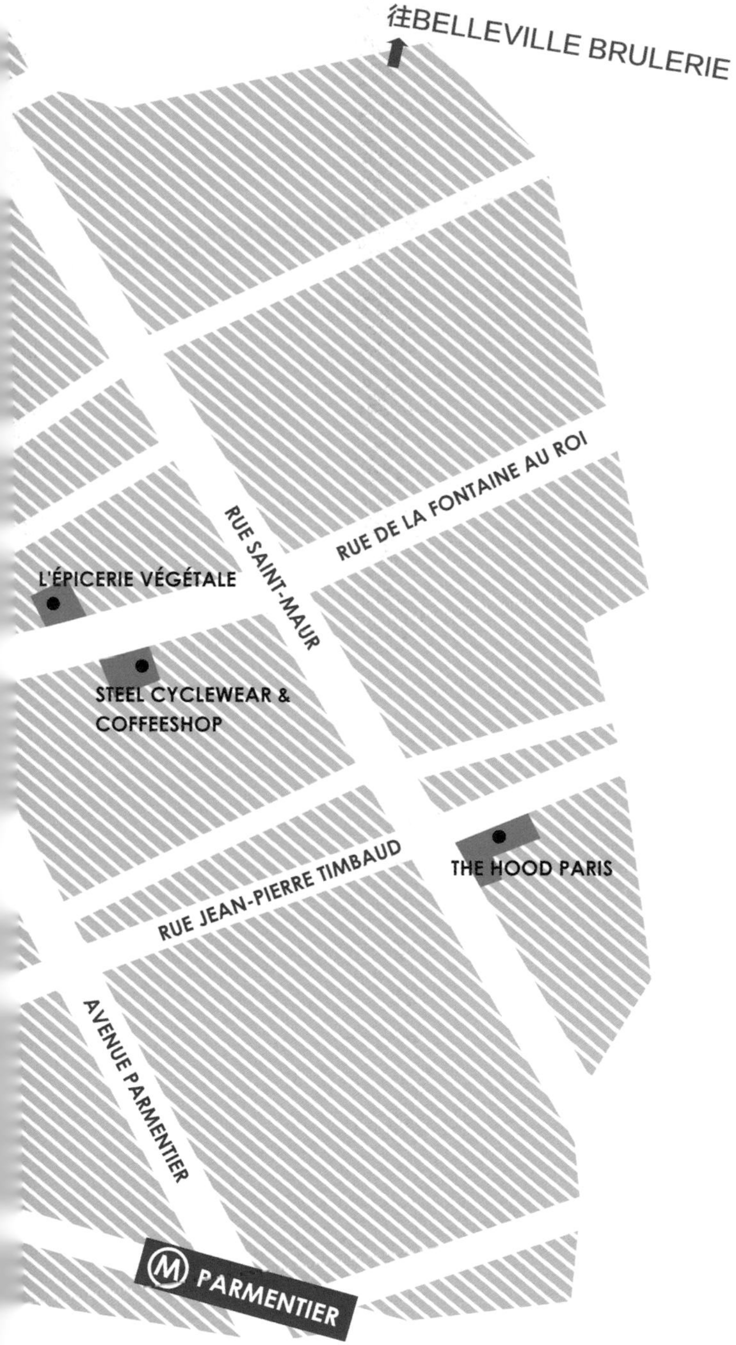

往BELLEVILLE BRULERIE

RUE DE LA FONTAINE AU ROI

RUE SAINT-MAUR

L'ÉPICERIE VÉGÉTALE

STEEL CYCLEWEAR &
COFFEESHOP

THE HOOD PARIS

RUE JEAN-PIERRE TIMBAUD

AVENUE PARMENTIER

Ⓜ PARMENTIER

不只是咖啡館，更是創意社群
The Hood Paris

飲品類・藝文類 **I** ☕ 🌿

輕柔的色調、舒適的室內裝潢，提供精選咖啡、現榨果汁，以及各種現做手工餐點……乍看之下，The Hood只是巴黎十一區又一個獨立精品咖啡店，然而The Hood的創辦願景其實遠大於此。當我和創辦人之一的新加坡女孩Pearl碰面的時候，她告訴我，她其實希望可以為同在巴黎的創業者，提供一個能夠測試、展售自己的產品與創意的地方。很多時候許多有才能的人不是缺乏資金、就是缺乏機會讓別人看見，她希望The Hood能夠連結不同的創意人和社群，成為一個促進交流與孵化大家理想的地方。因此The Hood從成立之初到現在，便不斷在舉辦各種活動，例如咖啡沖泡的workshop、結合巴黎創業女性的open-mic論壇、每週日介紹新音樂人的「folk-off」音樂會等，接下來還有小型餐會，給想要一展身手的餐飲人一個初試啼聲的好機會、以及與各類創意人合作的計畫。

●●● ────────────────────────────

The Hood的店面頗具工業風。

BAZAR · MÉNAGE

Coffee Brewers · Music Lovers

the Hood

sympathiques
PATISSERIES
cherchent
BOUCHE GOURMANDE

@DOUGHMADE
@CHARLESDADSHAW
@THEHOODPARIS

我在The Hood還認識了他們充滿才華的年輕主廚Khánh-Ly，以及與他們固定合作、提供甜鹹點心的Alex。Khánh-Ly是2015年法國電視台TF1製播《MasterChef》烹飪比賽節目的冠軍、並出了一本食譜書。她同時有越南與法國的背景，英文也説得極好。她從知名的餐旅管理學校Institut Paul Bocuse①畢業，除了有堅實的法式料理基礎之外，也因為自己的亞裔背景，所以非常擅長結合亞洲食材與烹調方式，每一季都會為The Hood創作新的菜單。Alex則是與The Hood合作、成功開始自己事業的一個案例。剛從紐約搬到巴黎的

除一樓寬敞的空間外，樓梯通往將來預計打造的workshop或會議空間。

註：1.Institut Paul Bocuse是法國最知名的餐旅管理學校之一，位於里昂。1990年由法國廚神Paul Bocuse與法國第一大旅館集團Accor的共同創辦人 Gérard Pélisson一起創立。

Info

網　　頁｜http://www.thehoodparis.com/
電　　話｜+33 1 43 57 20 50
地　　址｜80 Rue Jean-Pierre Timbaud, 75011 Paris
地　　鐵｜Parmentier（3號線）／Couronne（2號線）
營業時間｜Mon-Fri：8h～19h／Sat-Sun：10h～19h
價　　位｜咖啡與其他飲料：2.5～5€；甜點：2.5～5€；其他餐點：8～15€

時候，他苦於沒有能夠一展長才的地方，現在除了為這裡固定製作
甜點、鹹點、以及為一些巴黎咖啡店供應甜甜圈外，他的手工甜甜
圈工作室Doughmade也逐漸在巴黎走紅。Alex有一輛非常可愛的裝
飾腳踏車，會以快閃店面的方式，將腳踏車上載滿甜甜圈、並停在
定點販賣❷。

整體而言，The Hood是一個非常歡迎各界自由工作者的溫暖咖啡
店，店裡散發著非常開放與溫暖的氣氛。如果想要在巴黎認識創意
工作者、或是想為自己的創業計畫尋求支持與意見諮詢，都非常適
合來這裡坐坐。如果只是單純想喝杯咖啡，吃點東西，這裡有來自
Belleville的咖啡豆、以及Khánh-Ly用心製作的美味餐點，The Hood
也不會讓你失望。

2

●●● ───────

1 開放、溫暖的氣氛，很適合自由工作者。

2 The Hood的輕食。這一天的司康是由Doughmade的Alex製作的。

註：**2.**2016年8月以後Doughmade的販賣地點多半是在位於瑪黑區的文具店Papier Tigre及Café Oberkampf門前。目前Alex與The Hood Paris固定合作，如果想知道甜甜圈腳踏車的快閃活動訊息，可以追蹤Doughmade的FB粉絲頁：https://www.facebook.com/doughmadeparis或Instagram帳戶：https://www.instagram.com/doughmade/。

1

縈繞咖啡香的單車驛站

Steel Cyclewear & Coffeeshop

自從2015年4月開幕後，Steel Cyclewear & Coffeeshop就迅速地攻佔了巴黎社群媒體圈的版面。所有人都在談論這個結合了專業自行車服飾與配件、充滿現代都會風的咖啡店。

以淺色原木為主調的店內，有著極簡近乎冷調的裝潢風格，只有藉著湖水綠的天花板吊燈、以及店內展示的服飾與配件色彩來平衡。Steel Cyclewear & Coffeeshop的概念是將「騎自行車」從都會通勤方式提升為生活美學，他們並且出版一本專門談生活風格與都會騎乘的季刊《Steel magazine》。在實體店面與展場結合精品咖啡店，是因為創辦人、同時也是Steel magazine的總編輯Marc Schmitt想要建立一個能夠把社群結合起來的空間，同時歡迎都會騎乘者從這裡出發、探索城市的邊界。這裡的barista Damien Crémois除了是前Fondation Café的barista外、也是個自行車愛好者。他們的團隊就如同在這裡展示的產品一樣，具體呈現了Steel magazine想要傳達的訊息，也就是都會騎乘不只是一種

運動,而是生活方式的選擇。

這裡的咖啡豆由Damien Crémois與Belleville Brûlerie❶合作特製,並供應來自Amami❷的每日新鮮甜點。這樣的合作關係,也許正像Marc Schmitt和The Beans On Fire的創辦人Andrés Hoyos-Gomez所期望的那樣,顯示巴黎的咖啡店社群文化已逐漸成形、而社群共同協作的運作模式,將更進一步推動巴黎精品咖啡文化的蓬勃發展。

●●● ———

1 這裡的咖啡豆是由Belleville Brûlerie與店內barista合作特製。

2 店內充滿現代都會風格,還有自行車掛在牆上做裝飾。

註:
1. 請見第四章末尾(P.216)。
2. 請見本章路線6(P.140)。

Info

網　　頁｜https://www.facebook.com/steelcyclecoffeeshop/
電　　話｜+33 6 47 58 32 46
地　　址｜58 Rue de la Fontaine au Roi, 75011 Paris, France
地　　鐵｜Goncourt／Hôpital St Louis(11號線)／Parmentier(3號線)／Couronne(2號線)
營業時間｜Mon-Fri:9h～19h／Sat:10h～19h
價　　位｜咖啡與其他飲料:2.5～5€;甜點:2.5～4€;其他餐點:5～7€

1

反璞歸真的風土氣息
l'épicerie VéGéTALe

Zoé與Guillaume這對可愛的couple離開
時尚產業之後，決定開一家販賣當季與
本地生產的新鮮蔬果店。他們每週一
到三開著車去拜訪巴黎本地與周邊的農
家，精選品質精良的蔬果與少見的野
花，週四到週日則開店營業、販賣他們
本週發現的好商品。

這家可能是巴黎最漂亮的蔬果店，就在
Steel Cyclewear & Coffeeshop的斜對
面。水藍色的店面外用木箱陳列著各種

2

色彩繽紛的新鮮蔬果，例如紫色的迷你球型甘藍、形狀各異的南瓜、漂亮的胡蘿蔔等，一看就知道不是大量商業種植與採摘的品種。每樣蔬果雖然整理得乾乾淨淨，但都帶有自然的風土氣息、非常迷人。店門外的窗框、小桌上還有大小不同、放在玻璃瓶中或包裝好的花束、以及各式各樣的盆栽。從街上經過看到的風景已經夠吸引人，簡單粗獷、沒有多餘裝飾的店裡還有更多選擇。這裡有巴黎一般花店不可能看到的漂亮野花，色彩鮮豔充滿生命力，非常值得一探。如果不是因為住得太遠，我想我會天天都來這裡尋寶。

● ● ●

1 Rue du la Fontaine au Roi路上最美麗的風景。

2 色彩鮮豔的迷你球型甘藍。

3 這裡的蔬果新鮮且價格合理。

4 巴黎市內罕見的漂亮野花。

Info

網　　頁│https://www.facebook.com/leshop57/
電　　話│+33 6 73 35 62 11
地　　址│51 Rue de la Fontaine au Roi, 75011 Paris, France
地　　鐵│Goncourt／Hôpital St Louis（11號線）／Parmentier（3號線）／Couronne（2號線）
營業時間│Thu-Sun：11h～20h
價　　位│花束：5～17€；果汁：4€；其他蔬果：合理時價

06
Charonne周邊的風情小徑

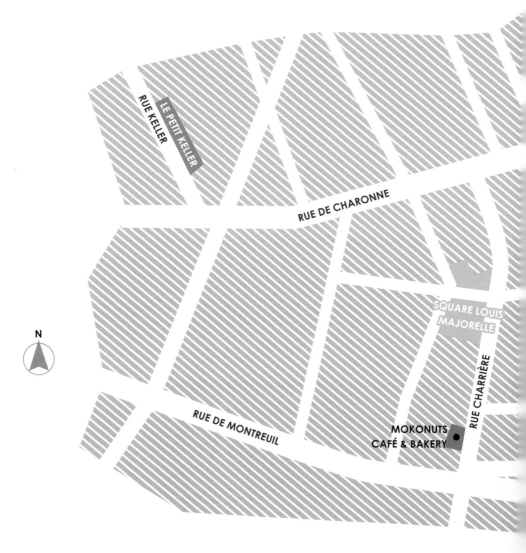

RUE KELLER

LE PETIT KELLER

RUE DE CHARONNE

N

SQUARE LOUIS
MAJORELLE

RUE CHARRIÈRE

RUE DE MONTREUIL

MOKONUTS
CAFÉ & BAKERY

Charonne 這個地鐵站是以附近的 Rue de Charonne 命名的。這一區餐廳、酒吧、商店比鄰，一到用餐時間便處處人潮、非常熱鬧。前面提到由日本女主廚 Kaori Endo 開設的餐廳 Le Petit Keller 就在這裡。本條路線中介紹的幾家店並不在大馬路上，而在稍微僻靜的巷子裡，附近有一些別有風情的小店，像是有著古拙風情的裝裱店、藝術家工作室、家飾用品店等，很適合順道逛逛。

1

風格多元的溫暖小食堂
Amami

日裔美籍的Sayako與羅馬尼亞裔、加拿大籍的好友Antoaneta在甜點學校認識,最後決定一起創業,她們的成果就是如今揉合了日式便當、英美式手工甜點、以及法式風格的Amami。在日文中代表「甜味」的Amami,既是食堂、咖啡店、又是茶沙龍與甜點店,店裡以原木家具和輕柔的綠意作為主要的裝潢元素,整體風格柔和而有質感,正如兩個創辦人給人的感覺。

這裡的便當每週更換菜色,既有大量的蔬菜作為配菜,手工現做的飯糰搭配啤酒則是下午點心的好選擇。餐點以健康均衡為取向,甜點也不厚重,每週都有不同的蛋糕更換,另外還有綿密的起士蛋糕、無麩質巧克力蛋糕、以及泡芙常態供應。這裡的甜點口味細緻、吃得出用心,建議搭配使用Belleville Brûlerie的咖啡豆製成的濾過式咖啡、或是日式焙茶、煎茶等一同享用。

2

●●● ─────────
1 蜜柑蛋糕、香蕉塔、香料蛋糕，柚子煎茶加上自家製牛奶糖，Amami的甜點有一股溫柔細緻的滋味。

2 健康均衡的每日便當。

3 可愛的旗幟為店內點綴了一抹繽紛色彩。

Info

網　　頁	|	http://www.amamiparis.com/
電　　話	|	133 1 43 56 21 47
地　　址	|	12 Rue Jean Macé, 75011 Paris, France
地　　鐵	|	Charonne（9號線）／Rue des Boulets（9號線）／Faideherbe Chaligny（8號線）
營業時間	|	Wed-Fri：8h～18h／Sat：10h～19h；19h30～23h／Sun：10h～16h
價　　位	|	甜點：2～5€；咖啡與其他飲料：3～4.5€；便當：11€

小夫婦的幸福料理
Mokonuts Café & Bakery

甜點類・飲品類・餐廳類 2

只有十八個座位、所有的料理皆在店裡的開放式廚房內完成，這間小巧可愛的餐廳是由黎巴嫩裔的Omar Koreitem與來自日本的Moko Hirayama夫婦兩人一起開的。Omar負責餐點料理，而Moko則製作所有的甜點與烘焙、並兼顧外場。店剛剛開始營運沒有多久，很快就有非常好的口碑，最近還被法國專業美食與餐廳指南媒體《Le Fooding》評選為2017年Fooding指南（《Fooding Guide 2017》）中的年度最佳餐廳之一。原本讓我好奇的是，雖然Mokonuts稱自己為café與bakery，但他們提供的餐點超越了咖啡店與烘焙的輕食，完全是餐廳水準，所以一直想去看看。但因為總是人潮洶湧，還是在幾個月後才一償宿願。第一次是和幾個朋友一起去吃午餐、第二次則是完全在計劃外，和朋友在另外一家新的咖啡店碰面之後，決定在這一區逛逛，最後又回到這裡消磨了一個愉快的午後。

●●●
1 淡淡的湖水綠，營造出優雅與溫馨的氣氛。
2 能夠撫慰靈魂的幸福手工餅乾。

1

2

由於Omar的背景加上過去在法國餐廳的訓練,這裡的餐點有黎巴嫩料理的特色、也兼具法式料理的細膩。他們使用當季新鮮的食材、不過度烹煮食物,海鮮類的料理保留了食材原本的口感與鮮度,尤其令人驚豔。第二次去下午茶的時候,我嘗到了Moko製作的甜點。雖然Moko之前曾在巴黎一星餐廳yam'Tcha❶擔任甜點師、也有過法式甜點的訓練,但是在自己的店裡,她選擇製作自己喜歡的那種簡單、溫暖、不用高難度技法,但是一樣滲入人心的點心。酥鬆的餅乾除了最經典的巧克力脆片外,還有如味噌白芝麻、白巧

●●●

1 在廚房中忙碌的Omar和Moko夫婦。

2 用餐空間簡潔明亮。

Info

網　　頁	https://www.facebook.com/mokonuts/
電　　話	+33 9 80 81 82 85
地　　址	5 Rue Saint-Bernard, 75011 Paris
地　　鐵	Faidherbe Chaligny（8號線）／Ledru-Rollin（8號線）
營業時間	Mon-Fri：8h45～18h
價　　位	餐點：4～13€；咖啡與其他飲料：2～4€；甜點：2～3.5€

克力油漬黑橄欖、甜玉米迷迭香等，都是聽起來非常花俏
奇特，但吃起來甜甜鹹鹹、有如comfort food一樣撫慰人心
的口味。店裡面還可以喝到用美麗茶壺、茶杯盛裝的正宗
日本麥茶、黑豆茶，溫柔的味道搭配著下午的陽光、以及
兩位店主親切的招呼，真的會令人打從心底感到幸福。

Mokonuts的營業時間很長，但用餐時間總是一位難求，建
議事先訂位。如果不介意，也可以避開人潮，在中午以前
或下午時去坐坐，喝杯茶或咖啡、享用一些輕食與點心，
也相當愜意。

●●●● ⸺

1 下午茶的餐點。

2 顏色鮮豔、引人食慾的番茄花枝。

註：1.yam'Tcha是由法國女主廚Adeline Grattard和其香港裔的先生Chi Wah Chan一起經營的餐廳，2010年獲得米其林一星。這是法國第一家將包子等香港飲茶點心（dim-sum）帶入法國高級餐飲界的餐廳，主廚Adeline從小就對中國與中國文化有憧憬，從Ferrandi畢業之後，曾於巴黎三星餐廳l'Astrance工作、接著於香港居住兩年，期間在香港有「廚魔」之稱的梁經綸開設的米其林二星餐廳Bo Innovation工作。她深厚的法式料理基礎加上她對中式料理、食材甚至文化的了解，讓她能融合兩者、自成一格。yam'Tcha開幕沒多久就引起各方注意，一年後便摘下米其林一星。2015年7月yam'Tcha遷址到同區附近更大的空間，原本的舊店轉型為「yam'Tcha Boutique」，由Chi Wah主管，專賣包子與茶。Adeline與Chi Wah兩人與yam'Tcha的故事更在2016年9月登上Netflix的Chef's Table（第三季第三集）。

《愛在巴黎日落時》的經典場景
Le Pure Café

在本區一片新興精品咖啡店裡，Le Pure Café是個異數。這是一家異常美麗的傳統巴黎咖啡館，典雅的紅色門面突出在街口、藍色的招牌搭配黃色的字體、還有一進門就令人讚嘆的木製吧檯，以湖水綠鑲邊一圈，天花板上垂下的水晶吊燈把吧檯後堆疊的酒杯都染上了香檳金的光芒。常客們倚著吧檯和酒保與服務生聊天，今天的報紙隨意地放在有些斑駁的桌上，後面一桌的情侶望著彼此的眼睛、低聲地在說話……。這樣的場景你一定不陌生，這裡正是電影《Before Sunset》（愛在巴黎日落時）裡Céline和Jesse在莎士比亞書店重逢之後，帶著Jesse去的咖啡館。

我在巴黎大部分的時間，是在前面介紹的各家獨立精品咖啡店流連，但偶爾也會想念像Le Pure Café一樣古典而美麗，有著歲月的痕跡、但始終屹立不搖的傳統咖啡館。這裡的咖啡與茶都不是什麼產地精選、職人烘焙，沒有複雜的拉花，點心通常也沒有太多選

擇，但卻是靜下心就能真正感受到巴黎風情的地方。這裡附近街坊經過會互相打招呼、服務生會知道你的近況；也是在這裡，你可以毫無困難地直接穿越回二十世紀初期的美好時光，和當時的巴黎人共享同樣的氛圍、看到同樣的景色、甚至使用同樣的餐桌。更好的是，Le Pure Café作為小酒館也是相當夠格的，這裡餐點是經典的巴黎小酒館菜色、份量豪邁，有許多死忠顧客。如果只是想路過喝杯飲料，感受一下真實的電影場景或老巴黎的氣氛，可以試試他們濃郁醇厚的熱巧克力。傳統法式做法，不使用巧克力粉、由真正的巧克力融製而成，絕對暖心。

●●●
1 獨樹一格的木製吧檯與水晶吊燈，讓店內自有一種夢幻氛圍。

2 在午後的窗邊喝著咖啡，享受Le Pure Café古典美麗的風情。

3 典雅的門面與充滿巴黎風情的露天座位，經過時別忘了來這裡坐一下。

Info

網　　頁｜http://www.lepurecafe.fr/
電　　話｜+33 1 85 15 22 02
地　　址｜14 Rue Jean Macé, 75011 Paris, France
地　　鐵｜Charonne（9號線）／Rue des Boulets（9號線）／Faideherbe Chaligny（8號線）
營業時間｜Mon-Fri：7h～1h／Sat：8h～1h／Sun：9h～0h
價　　位｜餐點：6.5～25€；咖啡與其他飲料：4～9€

Chapter 3

號稱「巴黎之胃」的
Les Halles

從 Les Halles 延伸到 Sentier 的這塊區域，是巴黎都會區的心臟地帶，過往是巴黎的食材批發市場，聚集著無數的餐廳、小酒館、熟食店等，其中 Rue Montorgueil 更被著名作家左拉（Emile Zola）稱為「巴黎之胃」，這條路上左右兩邊都是充滿特色的小酒館、餐廳，還有巴黎最古老的甜點店 Stohrer；而旁邊與之平行的 Rue Montmartre 到 Etienne Marcel 附近的區域，有著各種廚藝工具專門店。專業廚師、甜點師來到這裡宛如進了寶山，能在這裡備齊所有需要的工具、專業材料；一般廚藝愛好者也可以添購各類廚具、看看最新的器具與設備，享受購物的樂趣。

01

巴黎當紅的時尚美食社群

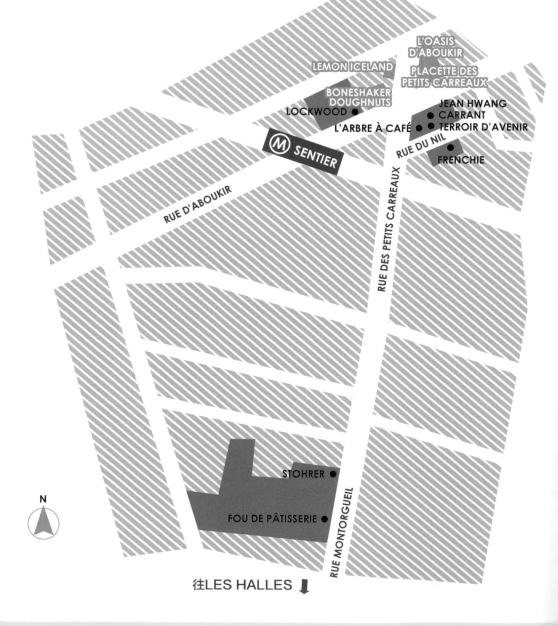

L'OASIS D'ABOUKIR

LEMON ICELAND

PLACETTE DES PETITS CARREAUX

BONESHAKER DOUGHNUTS

LOCKWOOD ●

JEAN HWANG

● CARRANT

L'ARBRE À CAFÉ ● ● TERROIR D'AVENIR

Ⓜ SENTIER

RUE DU NIL

FRENCHIE

RUE D'ABOUKIR

RUE DES PETITS CARREAUX

N

STOHRER ●

FOU DE PÂTISSERIE ●

RUE MONTORGUEIL

往LES HALLES ⬇

被左拉稱為「巴黎之胃」的Rue Montorgueil在二十一世紀的今天，仍然繁忙無比，除了許多歷史悠久的餐廳、小酒館、熟食店、起司店、水果店等，近兩年也開了許多特色店家，例如挾著人氣甜點雜誌光環開店的Fou de Pâtisserie同名甜點店，快速擴張的l'Éclair de Génie在這裡也有一家分店。而從這裡經過Sentier地鐵站，過了馬路後沿著Rue des petits careaux前進，會遇到與之垂直的Rue de Nil與Rue d'Aboukir，前者原本只是條荒蕪的小巷，現在是巴黎最紅的美食街，有名廚Grégory Marchand的Frenchie to go、只賣產地直送、新鮮與特色農產品的Terroir d'Avenir、和咖啡專門店l'Arbre à Café；而後者原本充滿著成衣服飾店，現在則有美式餅乾專賣店Jean Hwang Carrant、美式甜甜圈專賣店Boneshaker Doughnuts❶、特色酒吧Lockwood、男性生活時尚專賣的La Garçonnière、以及來自冰島的果汁吧Lemon。這裡的店家之間關係非常緊密、互相支持，儼然成為一個美食與時尚的小社群，很值得一訪。

註：1.就食物而言，巴黎一直都是個流行來得很慢的城市。台北十年前已經風靡過的美式漢堡旋風，在巴黎可是三年前才剛剛發生。漢堡之外，慢慢也開始出現美式餅乾與甜甜圈。才不過幾年前，在巴黎除了大量的食品工業製甜甜圈外（在超市販賣），幾乎不可能在街頭找得到（麵包店偶爾有填了果醬或巧克力餡的beignets）。和精品咖啡店一起，現在這些美式、英式的點心在巴黎也越來越常見。「Boneshaker Doughnuts」，是巴黎甜甜圈專賣的先驅，他們的甜甜圈供應許多精品咖啡店，越來越受歡迎之後，在2016年7月終於在Sentier這裡開立了自己的店面。店主是來自美國與愛爾蘭的couple Amanda與Louis，非常親切友善。

1

甜點大師也讚不絕口的餅乾
Jean Hwang Carrant

與可愛熱情的老闆娘同名的餅乾店，是巴黎僅有的幾家美式餅乾專賣店之一。來自美國堪薩斯的Jean其實有對來自台灣的父母，她與法國籍的夫婿Philippe結婚後就搬至巴黎，在巴黎的飲食地貌還沒有如今這麼豐富時，她就決定要將自己從小對餅乾的熱愛介紹給大家。從一開始在家製作手工餅乾、供應附近的餐廳與店家，十年過去，2015年時終於在住家附近擁有自己的店面。Jean從監督店面的施工、開店前期各種雜務操煩，一直到現在站穩腳步，成為巴黎最美味餅乾店的代名詞，真的非常不容易。許多知名主廚都非常喜歡她的餅乾，連Pierre Hermé大師都稱讚說：「這是我吃過最美味的餅乾。」

店裡目前的餅乾有十數種口味，從亞洲風的抹茶白巧克力（Matcha Blanc）、黑巧克力加泰國紅辣椒（Sseb）、以台灣純黑芝麻粉製成的芝麻餅乾（Black Sesame），到純正

美式經典的巧克力脆片（Arthur）、燕麥餅乾（Hall & Oates），再到法國風的Nutella、焦糖鹽味奶油（Gwenola）、以及各種季節性新品，夏天還有餅乾冰淇淋三明治，每個人都能找到自己喜歡的餅乾。值得一提的是，這裡的餅乾是純正的美式軟餅乾，所以和一般台灣人與法國人習慣的脆餅乾不同，酥鬆中帶有柔軟的咬感，非常容易上癮。

我從店面剛開幕時，便在這裡工作，不僅受到Jean非常多照顧，也在這裡重新拾回對甜點的熱愛；不但在這裡結識了許多好友、更認識了許多巴黎美食圈與社群媒體圈的人脈。Jean對自己產品的要求、熱情、還有總是非常正面樂觀的態度、對人的尊重都深深鼓舞了我，期待哪一天她也能在台灣設立分店啊！

Info

網　　頁｜http://www.jeanhwangcarrant.com/
電　　話｜+33 1 42 33 67 38
地　　址｜84 Rue d'Aboukir, 75002 Paris
地　　鐵｜Sentier （3號線）／Bonne Nouvelle （8號線、9號線）
營業時間｜Tue-Sat：11h～19h
價　　位｜餅乾：2.5～3.5€；咖啡與飲料：2.5～4€

●●●●

1 店裡的招牌之一Nutella餅乾，是法國小朋友的最愛。

2 可愛的餅乾們一字排開在黑白相間的展示櫃上。

3 薑餅人是十二月的聖誕節和新年節慶才有的商品。

從早午餐到雞尾酒都令人期待

Lockwood

註：
1. 請參見第四章路線2中的介紹（P.196）。
2. 請參見第四章末尾的介紹（P.216）。

餐 廳 類 · 飲 品 類 2 ✕ ☕

在2016年改變經營方向之前，Lockwood已經是巴黎精品咖啡店的一個異數，他們的餐點和咖啡一樣講究與美味，每個中午的特餐都供不應求；另外還有非常受歡迎的晚餐前開胃酒（aperitivo）時段、以及營業到午夜的雞尾酒吧。還在Jean的餅乾店工作時，我們就常常來這裡光顧，我總是期待Lockwood的美味午餐和異常澎湃的酪梨三明治。

這麼厲害的店背後當然有厲害的角色，由三兄弟Christophe、Olivier、Thomas Lehoux合作創立，其中Thomas是巴黎咖啡界響噹噹的人物，他創立了Ten Belles❶、接著又和朋友們合作開了Belleville Brûlerie❷，兩家店都對巴黎精品咖啡界有重量級的貢獻；Christophe則是在澳洲擁有數個有名的酒吧，如Pocket Bar、Button Bar和Stitch Bar。這樣的組合不難想像為何Lockwood會有如此多元的面貌。

2016年年中之後，Lockwood決定轉型，他們把店裡的La Marzocco espresso咖啡機處理掉，開始專心經營開胃酒時段與各式小點（tapas）和地下一樓的雞尾酒吧，另外還有週末的早午餐。雖然不再能喝到如cappuccino等義式咖啡，令許多老顧客非常惋惜，但專心經營酒吧與餐點的Lockwood，也許更能發揮特色。

Info

網　　頁｜www.facebook.com/Lockwood-1395396417350705/
電　　話｜+33 1 77 32 97 21
地　　址｜73 Rue d'Aboukir, 75002 Paris
地　　鐵｜Sentier（3號線）／Bonne Nouvelle（8號線、9號線）
營業時間｜Tue-Sat：11h～19h
價　　位｜餐點：9～15€；飲料：9～15€；早午餐：8～11€

●●●
1 充滿文藝氣息的Lockwood
店門口。

2 懸掛的酒瓶為店內營造特殊
氛圍。

話題主廚的美食王國
Frenchie

Frenchie to go座位不多，常常一位難求。

餐廳類 **3**

Grégory Marchand是這幾年法國餐飲界最紅、最具話題性的主廚之一，他幼年失去雙親，十六歲進入廚藝學校後離開孤兒院，爾後渡海至英倫，幾乎整個二十歲世代都在倫敦度過，他待過Savoy Grill、Mandarin Oriental（東方文華酒店）、Electric，最後擔任Jamie Oliver的知名餐廳Fifteen的主廚，「Frenchie」這個小名也是Jamie Oliver給他的。在倫敦的工作給了他對人生全新的視野，「因為我在這裡重新建立了自我、變成一個獨立的個人」，他在英國《衛報》的訪問中如此描述。雖然烹飪對他來說一開始只是生存手段，但他逐漸在裡面找到熱情。短暫赴美後，他決定回歸巴黎開設自己的餐廳，2009年在當時還是一片荒蕪的Rue du Nil上建立了Frenchie，提供直接、不做作的美食，掀起法國「bistronomy」❶的熱潮。

Frenchie的初衷，就是要提供消費者一個能夠分享與度過歡樂時光的好地方，所以這裡的氣氛放鬆、一點都不正襟危坐，食物則以經典法國菜為基礎、加上國際影響的變化，而且專注使用季節性食材。原本只有一個助手與Grégory一起工作的廚房逐漸成長，如今已經是一個專業團隊。美酒與美食向來是最好的搭檔，Frenchie開幕兩年後，Frenchie Wine Bar也在對面開業，讓Grégory提供一個氣氛更輕鬆環境、能讓所有人都能以小份量品嘗Frenchie美味餐點、各種英國起司、餐酒的小酒吧。緊接著，提供如培根三明治、煙燻牛肉、炸魚薯條、熱狗等簡單快速卻美味的英美速食的Frenchie to go在旁邊開幕、再加上Frenchie Caviste，與仕酒師Aurélien Massé合作，於Frenchie to go隔壁開設一個專賣法國各地精選紅酒與白酒的酒窖，提供各種品酒選擇，以及同條巷子裡好友Samuel Nahon與Alexandre Drouard的Terroir d'Avenir蔬果店、魚店、肉舖，他們致力提供在地、新鮮的產品，現在整條Rue du Nil就有如Grégory的美食王國，同時也成為巴黎餐飲界的著名地標。

●●● ——————

1 Frenchie to go供應的培根三明治。

2 Frenchie to go的早餐穀片granola。

3 專賣法國各地好酒的酒窖Frenchie Caviste。

4 Frenchie to go的戶外座位區。

註：1.「bistronomy」（或可翻成「小酒館美食學」）是「bistro」（小酒館）與「gastronomy」（美食學）兩個字的結合。與「gastronomy」相對，指的是近十年來橫掃法國餐飲界的飲食風潮，解放法國料理繁文縟節、重視典範制度、高級精緻的傳統，將「食物」本身提高至裝潢、氣氛、服務、餐具之上。食物的美味與品質不減，但消費者能夠以合理的價格、在輕鬆的氣氛下享受美食。Grégory Marchand正是這一波飲食革命中的重要角色。

Info

網　　頁｜http://www.trenchietogo.com/
電　　話｜+33 1 40 26 23 43
地　　址｜5 Rue du Nil（Frenchie）／6 Rue du Nil（Wine Bar）／9 Rue du Nil（Frenchie to go）／9 Rue du Nil（Frenchie Caviste）, 75002 Paris
地　　鐵｜Sentier（3號線）／Bonne Nouvelle（8號線、9號線）
營業時間｜Mon-Fri：8h30～16h30／Sat-Sun：9h30～17h30
價　　位｜餐點：6～22€；飲料：2.4～7€；甜點：4～6€

1

呈現最佳的風土食材
Terroir d'Avenir

在校時即是好友的Samuel Nahon與Alexandre Drouard，在2008年創立Terroir d'Avenir，從全法各地小農致力提供法國餐飲界最好、最優秀少見的食材，許多巴黎的知名餐廳主廚如Daniel Rose（餐廳Spring的主廚）、Braden Perkins（Verjus、Ellsworth的主廚）、Bruno Verjus（Table的主廚），當然還有Frenchie的主廚Grégory Marchand，都是他們的忠實顧客。2013年，他們在Rue du Nil上開店，成為Frenchie的鄰居。

Terroir d'Avenir原本和Frenchie一樣有三個店面，分別是魚店（6號）、肉店（8號）、與蔬果店（7號），2015年年底又加入生力軍麵包店（3號）。前三家店面中可以找到各種法國特有的新鮮食材，從活龍蝦到法國種植的香菇、食用花等，價格雖然稍高，但品質絕對出色。Terroir d'Avenir也與各個名廚合作，推出名廚精選的各種食材、野味等。

1 最新加入Terroir d'Avenir的麵包店。

2 從Frenchie to go的靠窗吧檯往外看，斜前方就是Terroir d'Avenir的魚店與肉店。

3 蔬果店在秋天的情景。

Info

網　　頁	http://www.terroirs-avenir.fr/
電　　話	+33 1 85 09 84 47
地　　址	3 Rue du Nil（麵包店）／6 Rue du Nil（魚店）／7 Rue du Nil（蔬果店）／8 Rue du Nil（肉店），75002 Paris
地　　鐵	Sentier（3號線）／Bonne Nouvelle（8號線、9號線）
營業時間	Tue-Fri：9h～20h／Sat：9h30～19h30／Sun：9h30～13h30
價　　位	依季節與產品各有不同

選出最適合你的咖啡豆

l'Arbre à Café

2013年開店，原本是一家烘豆商，l'Abre à Café在專注於各種單一產地不同風味的咖啡豆外，也分外留意咖啡生產與交易過程的公平合理性，並與咖啡豆原產地的咖啡農保持密切的往來。這家店的老闆Hippolyte Courty原本是在葡萄酒產業工作，所以有著非常靈敏的味蕾，在2009年開始烘豆生意後，很快就建立了良好的聲譽。這裡烘製的咖啡豆供應巴黎許多咖啡店及餐廳，自從開了店面之後，也不斷吸引舊雨新知上門。

在這裡可以依產地如巴西、衣索比亞、印度、秘魯等選擇高品質咖啡豆，也能以不同程度的烘焙、香氣、沖泡方式與飲用時機來挑出最適合你的咖啡豆。雖然不像一般的精品咖啡店一樣能夠長時間久坐，但小小的店內有一台迷你的Marzocco GS/3咖啡機、櫃檯前面有一個小沙發，店裡親切的barista也能依需求製作手沖式咖啡，所以很適合單純想要

●●● ————

1 儘管店面不大，l'Abre à Café仍吸引許多愛好者前來。

2 l'Abre à Café獨家烘製的咖啡豆陳列在架上。

3 藤木編製的小沙發別有情調。

4 來一杯咖啡，享受悠閒的午後。

享受一杯好咖啡時來坐坐，或是來購買咖啡豆時順便品嘗，並與店裡的專家寒暄交流一番。店內另外有販賣一些咖啡相關器具及書籍、網路商店也建構得非常良好詳盡，適合每一個咖啡愛好者。

Info

網　　頁｜https://www.larbreacafe.com/
電　　話｜+33 1 84 17 24 17
地　　址｜10 Rue du Nil, 75002 Paris
地　　鐵｜Sentier（3號線）／Bonne Nouvelle（8號線、9號線）
營業時間｜Tue-Fri：12h30～17h30／Sat：10h～19h
價　　位｜咖啡：3～5€；咖啡豆（250g裝）：9～45€

巴黎最古老的甜點店
Stohrer

甜點類 6

身為巴黎最古老的甜點店，Stohrer是Rue Montorgueil上一個不可錯過的景點。1725年，
波蘭國王Stanislas Leszczynski的女兒Marie Leszczynska嫁給路易十五，他的御用甜點師
Nicolas Stohrer便追隨了公主來到巴黎，五年後就在這裡開了自己的甜點店。這家從1730
年便開始營業的老店，在直到接近三百年後的今天仍然佇立在原址，目前門面與內部裝
潢都是十九世紀知名畫家Paul Baudry的作品。

Nicolas Stohrer留給世人的不僅僅是這家甜點店，還有兩個經典的法式甜點：蘭姆巴巴
（Baba au rhum）與愛之泉（puits d'amour）。蘭姆巴巴據說是因為波蘭國王某天抱
怨布里歐許麵包太乾，而Stohrer主廚靈機一動，將麵包浸在Málaga甜酒中、佐以番紅
花，再加上奶醬與新鮮葡萄製成。巴巴得名的由來，則據說是因為國王當時沉浸在一千

零一夜的故事中,以「阿里巴巴」(Ali Baba)為這個甜點命名,其後由於蘭姆酒取代了Málaga甜酒,因此甜點名也變成了「浸了蘭姆酒的巴巴」(Baba au rhum)。而我們現今看到的愛之泉這個甜點,則是Stohrer主廚改良了原本甜點的形狀與呈現方式,用千層派皮做呈圓形的小盅、裡面填滿香草卡士達醬,上面再以焦糖增亮。雖說都是經典甜點,但愛之泉和蘭姆巴巴的命運大不相同,比起蘭姆巴巴的受歡迎,愛之泉目前在巴黎的甜點店幾乎看不到販售,要品嘗的話只能到Stohrer。除了以上兩項經典甜點,Stohrer的巧克力閃電泡芙,也曾在2011年《費加洛日報》(Le Figaro)評選「巴黎最佳閃電泡芙」中入選。

現在的Stohrer除了甜點以外,也賣各種熟食,並且接受外燴服務。小巧但溫暖、內部有垂吊水晶燈裝飾和美麗壁畫的店裡總是門庭若市,如果來了這裡,千萬別忘了也挑一兩個甜點嘗一嘗。

Info

網	頁	http://stohrer.fr/
電	話	+33 1 42 33 38 20
地	址	51 Rue Montorgueil, 75002 Paris
地	鐵	Sentier(3號線)/Etienne Marcel(4號線)
營業時間		Mon-Sun:7h30~20h30
價	位	甜點:4~7€;其他鹹食與餐點依種類各有不同

●●●

1 櫥窗擺設的甜點種類豐富,十分誘人。

2 要品嘗到覆著金黃焦糖的愛之泉,別忘了來Stohrer。

3 店外明信片立架上,放的都是Stohrer的歷史照片。

1

讓人選擇困難症爆發的甜點大觀園
Fou de Pâtisserie

甜點類 7

《Fou de Pâtisserie》在2013年秋季創刊,是一本專門介紹甜點、甜點師、甜點新聞與知識的雜誌。雖然不是第一本專門在談甜點的雜誌❶,但由於內容深淺皆含,風格也更為親切,所有對甜點有興趣的人、不管是不是專業的甜點師都能找到有趣的內容,所以很快就大受歡迎。2015年秋季發行了廚藝主題的姐妹作《Fou de Cuisine》,2016年4月又在熱鬧的Rue Montorgueil上開設了和雜誌同名的甜點店。

和雜誌的內容相呼應,這家甜點店網羅了巴黎知名甜點師的作品,如Christophe Adam❷、Cyril Lignac❸、Philippe Conticini❹、Hugues Pouget❺、Janathan Blot❻ 等,另外也有來自老店Angelina的甜點、Pierre Hermé馬卡龍、以及各種小點與知名品牌的巧克力等,另外還有知名諾曼第蘋果汁品牌Le Coq Toqué的各種美味蘋果汁,夏天也有冰淇淋。這裡是一個能夠一次蒐集到各巴黎甜點店代表作的地方,唯一的困難就是如何選擇而已。

註：

1. 《Fou de Pâtisserie》雖然一直宣稱自己是第一本專門以甜點為主題的雜誌，但是另一本針對專業甜點師的雜誌《Le Journal de Pâtissier》在1978年即創刊，只是較為小眾、且介紹的甜點與食譜都非常專業，不適合業餘者，也不適合在家實作。
2. 閃電泡芙專賣店l'Éclair de Génie的主廚，在本書第一章有介紹。（請見P.68）
3. 請參考P.66註解。
4. 知名甜點店La Pâtisserie des Rêves的主廚，本書第一章有相關介紹。（請見P.30）
5. 知名甜點店Hugo & Victor的主廚，本書第一章有相關介紹。（請見P.46）
6. 甜點店Acide Macaron的主廚。

●●● ──────

1 宛如藝術品般精緻的甜點，靜靜地躺在櫥窗內。

2 Fou de Pâtisserie坐落於熱鬧的Rue Montorgueil上。

3 店員正認真地向客人介紹甜點。

4 店內集結了巴黎眾多出色甜點師的佳作。

Info

網　　頁│https://www.facebook.com/FouDePatisserieMagazine/ （店鋪本身尚無網頁）
電　　話│+33 1 40 41 00 61
地　　址│45 Rue Montorgueil, 75002 Paris
地　　鐵│Sentier（3號線）／Etienne Marcel（4號線）
營業時間│Tue-Fri：11h～20h／Sat：9h30～20h／Sun：9h30～13h30
價　　位│甜點：6～7€

02

Rue Montmartre
周邊的廚藝專門店

從地鐵四號線 Les Halles 出來，Rue Montmartre 被
我們甜點與廚藝界朋友暱稱為「廚具街」。不長的
路上聚集了許多廚具專門店，附近還有專賣食材、刀
具、杯盤等各種店家。這裡過去是巴黎的大型食材批
發市場，也是餐廳與小酒館店主採購食材、食品與
專業器具的地方，現在雖然批發市場已經移到巴黎南
方的 Rungis，但這些店家都留了下來。剛到 Ferrandi
上課的時候，學校就發了一張列有各個店家的清單，
讓我們知道要到哪裡去添購器具。當然，身為廚藝學
校學生的好處就是在這些店裡亮出學生證，幾乎都可
以得到九折或九五折的優惠。

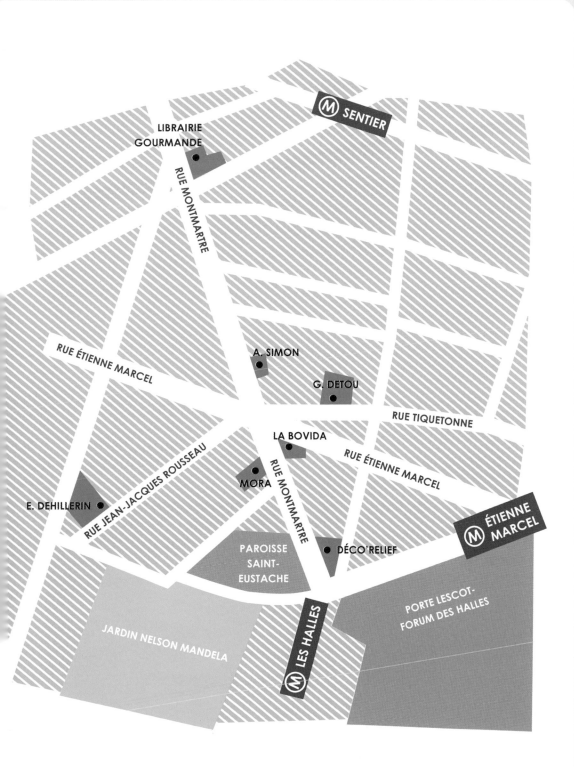

M SENTIER

LIBRAIRIE
GOURMANDE

RUE MONTMARTRE

RUE ÉTIENNE MARCEL

A. SIMON

G. DETOU

RUE TIQUETONNE

LA BOVIDA

RUE ÉTIENNE MARCEL

RUE JEAN-JACQUES ROUSSEAU

RUE MONTMARTRE

MORA

E. DEHILLERIN

M ÉTIENNE
MARCEL

DÉCO'RELIEF

PAROISSE
SAINT-
EUSTACHE

PORTE LESCOT-
FORUM DES HALLES

M LES HALLES

JARDIN NELSON MANDELA

購買裝飾用品的最佳選擇

Déco'Relief

廚藝類 I

1984年創立，除了各種甜點、巧克力相關模具、食品原料、香料外，顧名思義，Déco'Relief也專精各種裝飾用品（décoration）。這裡的模具與裝飾用品較Mora的更創新，較為花式，顏色與尺寸眾多，很適合巧克力師與專做翻糖與裝飾蛋糕的蛋糕師，另外還有室內煙火（如放在蛋糕上的冷光煙火與噴泉等）相關產品。我之前在各處廚具店都找不到的食用裝飾金箔，就是在這裡找到的。

近年在Rue Montmartre 一店正後方的Rue Montorgueil上新開了二店，裝潢更為嶄新明亮，也更容易尋找商品。

Info

網　　頁｜http://www.deco-relief.fr/
電　　話｜+33 1 44 82 97 57（1店）／+33 1 42 36 04 05（2店）
地　　址｜6 Rue Montmartre, 75001 Paris （1店）／
　　　　　9 Rue Montorgueil, 75001 Paris （2店）
地　　鐵｜Etienne Marcel（4號線）／Les Halles（4號線）
營業時間｜Tue-Fri：11h〜20h／Sat：9h30〜20h／Sun：9h30〜13h30

●●● ——————

店內販售許多蛋糕裝飾用品與工具。

甜點師們的最佳後援
Mora

廚藝類 2

甜點圈內的朋友們和我最常造訪的工具店就是Mora了。1814年創立，這裡有最齊全的甜點、蛋糕、巧克力模具與工具，如各種尺寸的打蛋器、抹刀等，店內商品多達五千種。雖然價格比別家店稍高，但選擇最多，許多在別的地方找不到的器材，也是在這裡最為齊全。也因此，在這裡總是可以看到來自全球各地的人，店裡隨時隨地充滿了各種腔調的英文與法文，店員也總是非常忙碌，來來去去幫大家尋找所需的東西。除了器具之外，Mora目前也開始賣自己調配的小包原料，如翻糖粉、跳跳糖、吉利丁片、各種裝飾原料及色素、香精等，很適合在家少量製作、測試的人。值得一提的是，Mora的網頁做得非常齊全，除了有線上購買的功能，也有海外運送的選項。

Info

網　　頁｜http://www.mora.fr/
電　　話｜+33 1 45 08 19 24
地　　址｜13 Rue Montmartre, 75001 Paris
地　　鐵｜Etienne Marcel（4號線）／Les Halles（4號線）
營業時間｜Mon-Fri：9h～18h15／Sat：10h～13h；13h45～18h30

●●● ——————

1 各種矽膠製的蛋糕模。

2 琳瑯滿目的廚藝工具可供挑選。

氣勢驚人的廚具專賣
La Bovida

在Mora斜對面、有著大大的帆船商標，La Bovida的綠色店面和紅色的Mora正好相映成趣。這也是一家專賣各種模具、工具與廚具的店家。雖然甜點相關的模具與工具還是在Mora容易找齊，但La Bovida的商品更偏向一般烹飪，在這裡可以看到比Mora更多的銅鍋與鑄鐵鍋，尺寸與型號都更為齊全。這裡的空間比Mora寬敞一些，二樓大大的落地窗前，有一整區陳列著閃著玫瑰金色澤的銅鍋，旋轉樓梯旁也有一區專門放Le Creuset的鑄鐵鍋，樓梯下則是各種尺寸、品牌的刀具，結帳櫃檯上方還懸吊著各家鐵鍋，非常有氣勢。

La Bovida的店員非常親切，要尋找什麼東西都可以放心詢問。

Info

網　　頁｜https://www.mybovida.com/
電　　話｜+33 1 42 36 09 99
地　　址｜36 Rue Montmartre, 75001 Paris
地　　鐵｜Etienne Marcel（4號線）／Les Halles（4號線）
營業時間｜Mon-Thu：9h30～19h／Fri：9h30～19h30／Sat：10h～19h30

3

為自己布置一個美麗餐桌

A. Simon

廚藝類 **4**

除了大量的專業廚具與廚房用品外，A. Simon
是一家杯盤與餐桌用品專門店，這裡有著齊全
的玻璃製品，也有許多法國生產的瓷盤與瓷
器。由於專門供應旅館、餐廳的杯盤，這裡大
部分的商品比較像是工業化的一致性產品，但
偶爾可以發現一些美麗的遺珠。2011年店家易
主，現在的老闆便是附近僅有兩步之遙的食品
材料行G. Detou。店內陳列與擺設自易主之後
更為現代化，商品的更換頻率也變高。

●●● ─────────────

1 綠色醒目的門面。

2 店內種類齊全的鍋具。

3 杯盤與餐桌用品齊全的A.Simon。

4 旁邊的另一個店面也販售一些鍋具。

4

Info

電　　話｜+33 1 42 33 71 65
地　　址｜48 Rue Montmartre, 75001 Paris
地　　鐵｜Etienne Marcel（4號線）／Les Halles（4號線）
營業時間｜Mon-Sat：9h～19h

別懷疑，我什麼都有
G. Detou

廚藝類 5

Mora以外，我最常去的店就是G. Detou。如果沒有這家店，我的許多甜點創作都不可能完成。不大的店裡，從天花板到地板都滿滿的陳列著商品，店員們就站在如同藥櫃的的層架前面回答客人的疑問、忙碌地拿取貨品。如同店名所暗示的❶，這裡幾乎有著專業廚師或甜點師所需要的全部各種食品原料。光是巧克力就有非常多種專業品牌，從Valrhona、Cacao Barry、到Weiss、Michel Cluizel等，搜羅了整個法國最好的巧克力，而且不管小包裝還是大包裝通通都有；其他的原料也不遑多讓，有從各地精選而來的罕見與高品質商品，例如白松露油。我也曾在這裡找到米其林三星廚房內使用的西西里開心果泥，另外當然也有各類新鮮或乾燥堅果，如核桃、榛果、開心果等，還有許多專業廚房內才看得到的原料，例如葡萄糖漿、可可豆碎粒、二氧化鈦、Kappa凝膠粉之類。

食品原料行之外，G. Detou也是一個高級精選食品店，有所有美麗的葡萄牙沙丁魚罐頭、你想像或想像不到的各種口味與研磨方式的芥末醬、巧克力醬、榛果醬、醃漬蔬菜，還有一大區貢獻給各種茶葉。即使不是專業人士，都非常推薦一訪。

Info
電　　話｜+33 1 42 36 54 67
地　　址｜58 Rue Montmartre, 75001 Paris
地　　鐵｜Etienne Marcel（4號線）／Les Halles（4號線）
營業時間｜Mon-Fri：8h30～18h30

●●●
1 外貌平凡的店面，裡頭卻彷彿是食品原料博覽會。

2 各品牌不同種類的巧克力。

註：1.G. Detou在法文發音中和「J'ai de tout」（我什麼都有）諧音。

購物方式獨特的廚具博物館
E. Dehillerin

1820年開業,只比Mora晚個幾年的 E. Dehillerin,綠色的店面與黃色的招牌字體非常好認。雖然店面的陳列很像五金行,但簡直就是一個廚具博物館,是附近所有店家中賣最多銅鍋的廚具專門店。和La Bovida一樣也有上下兩層樓,不過這裡的走道非常狹窄,兩邊都陳列著滿滿的鍋具與工具。除了鍋具之外,這裡也賣很多專業廚師用品,例如刀袋與磨刀石,我的刀袋就是在這裡購入的。

這裡的購物方法比較特別,許多商品必須要先問店員得到代碼,然後再帶去櫃檯結帳。知識淵博的店員都非常熱心、而且態度篤定地向客人推薦合適的商品,沒有定力的人很容易就會荷包失守。

●●● ────────

一走進E. Dehillerin,就能看到讓人眼花繚亂的鍋具陳列。

Info

網　　頁｜http://eshop.e-dehillerin.fr/
電　　話｜+33 1 42 36 53 13
地　　址｜18-20 Rue Coquillière, 75001 Paris
地　　鐵｜Les Halles(4號線)／Etienne Marcel(4號線)
營業時間｜Mon:9h~12h30;14h~18h／Tue-Sat:9h~18h

1

為廚藝愛好者而生的書店
Librairie Gourmande

每隔一陣子就必須去更新資訊，但我和好友們也經常相互提醒不可以常常去的一家店，就包括了這家廚藝專門書店。因為在這裡太容易被美麗的食譜書攻陷，即使事前耳提面命，都還是有可能一個不小心，就把這些書帶回家了。

Librairie Gourmande的前身是自1985年即開在巴黎五區的Rue Dante的小書店， 2007年時，如今的店主Déborah Dupont-Daguet把它買下。Déborah原本在大學裡擔任人權與歐盟法的教授，是位廚藝愛好者，也經營相關部落格，為了收購這家書店，還特別去學習了相關課程。她說服原本在電影行銷產業擔任電腦分析師的媽媽Sophie Daguet擔任合夥人，將書店搬遷、重新設計logo並擴大經營。佔地雖然不大，但有上下兩樓、藏書三萬冊。從各國料理、甜點烘焙、蔬菜雕花，到刀具、分子料理、廚房設計等各主題都有包含的Librairie Gourmande，現在已是一家全法國、甚至海外的專業料理人與廚藝愛好者都

2 3

會來朝聖的一家書店。

書店每年從超過兩千多本的法文食譜書與酒類書籍
中，精挑細選最好的作品上架，另外也進口許多重
要的英文食譜書。我書架上最重要的一本食譜書
《Noma》就是在這裡買到的。店內還有一區專門
放置小朋友的烹飪書籍與相關器具，啟發那些喜愛
烹飪的未來主廚們。Librairie Gourmande的網頁與
線上購物功能也都建置的非常齊全，如果需要海外
購書運送，這裡絕對可以滿足需求。

●●●

1 玻璃窗上的桃紅色花樣，張揚地
宣告這家書店的主題。

2 江振誠主廚的《八角哲學》法
文版《Octaphieosophie》也陳列
在架上，就在哥本哈根知名主廚
Christian Puglisi的食譜書《Relae》
旁邊。

3 二樓的甜點書區。

4 各類甜點書籍都能在這裡找到。

Info
網　　頁｜http://www.librairiegourmande.fr/
電　　話｜+33 1 43 54 37 27
地　　址｜92-96 Rue Montmartre, 75002 Paris
地　　鐵｜Sentier（3號線）／Bourse（3號線）
營業時間｜Mon-Sat：11h～19h

4

如詩如畫的 聖馬丁運河

聖馬丁運河及兩旁的區域，是巴黎bobo族及當地年輕人聚集的地方，這裡有著許多新潮的餐廳、個性小店、精品咖啡店等。水岸兩邊也很適合散步、閒晃、沉思，是巴黎人休閒時的好去處。長達四點五公里、1802年由拿破崙下令建造的聖馬丁運河，當時肩負著提供人口快速增長的巴黎乾淨用水、以預防痢疾與霍亂的任務。開通之後，糧食、建材、與各種貨物也都藉著這條運河流通，帶動了商業與經濟的成長。1960年代後由於船運逐漸沒落，一度差點改建為高速公路。如今的運河以觀光及休閒用途居多，不過偶有船隻通過水閘時，旋轉橋的風姿還是能令人遙想當年的盛況。

聖馬丁運河大約每十五年徹底抽乾並清理，每回清理，除了汙泥外總是能發現各種令人匪夷所思的物品沉在河底。最近的一次清理是在2016年初，由於人在巴黎，所以我也和大家一起去見證了這個歷史時刻，果然在裡面看到了諸如腳踏車、摩托車、手推車、雨傘、甚至馬桶等東西。據報導，清理人員也在裡面發現了保險箱、搬運車、甚至兩顆砲彈，果然聖馬丁運河在巴黎人的生活中，一直都占有很重要的地位呢！

01
輕鬆時髦的
Hôpital Saint-Louis以南

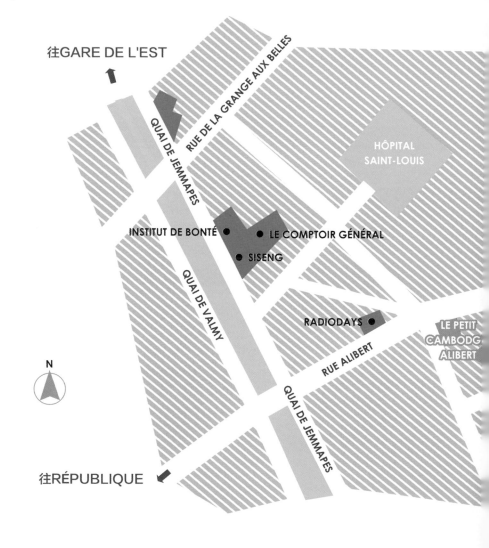

往GARE DE L'EST

RUE DE LA GRANGE AUX BELLES

QUAI DE JEMMAPES

HÔPITAL SAINT-LOUIS

INSTITUT DE BONTÉ ●   ● LE COMPTOIR GÉNÉRAL

● SISENG

QUAI DE VALMY

RADIODAYS ●

LE PETIT CAMBODG ALIBERT

RUE ALIBERT

N

QUAI DE JEMMAPES

往RÉPUBLIQUE

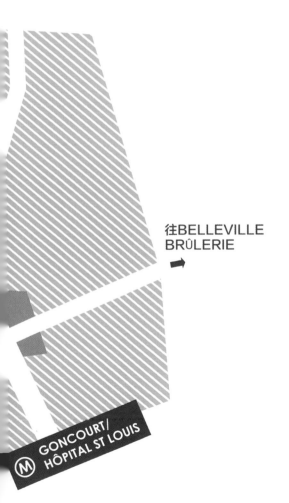

往BELLEVILLE
BRÛLERIE

Ⓜ GONCOURT／
HÔPITAL ST LOUIS

在聖馬丁運河 Quai de Jemmapes
這一面附近有比較多店家，所以
以 Hôpital Saint-Louis 聖路易醫
院❶作為交界，大略區分路線一
與二。往南靠近地鐵站 Goncourt
／ Hôpital Saint-Louis 這裡為路
線一，往北朝 Colonel Fabien 這
裡則為路線二。聖馬丁運河的沿
岸兩邊都非常適合散步，這裡是
艾蜜莉在河上打水漂的現場，天
氣好的時候非常適合坐在河邊發
呆、看河裡閃爍的金光、以及兩
邊建築物在河面上的倒影。這一
區是巴黎年輕人假日與休閒時最
常來的地方，所以整體氣氛既時
髦又輕鬆，有各式各樣引領潮流
的餐廳、咖啡店等，走在路上的
行人也都穿搭有型，和巴黎六區
的典雅打扮完全不同，非常有趣。

註：1.聖路易醫院建於西元1607年，當時是為了
在巴黎城外隔離黑死病的病患而興建，現在則是
屬於巴黎公共醫療救助機構（AP-HP）醫療網絡
集團的一所大型綜合性醫院。由於已經有四百多
年歷史，該院的建築本體、以及院內的花園設計
皆非常古典，頗可一觀。

可愛陽光下的悠閒時光

Radiodays

飲品類 **1**

説也奇怪，Radiodays明明就離我平常常去的店家很近，卻一直到最近才第一次去拜訪。這裡離2015年11月發生恐怖攻擊的餐廳Le Petit Cambodge也只有幾步路的距離，現在完全感受不出事件發生後的肅殺氣氛，整個街區又恢復了以往的活力，大家又開始悠閒地坐在露天座位，甚至也有新開的餐廳。

Radiodays是一家非常可愛的咖啡店，以藍色為裝潢主調的店面，有一個擺放著新鮮蔬果的透明冰櫃以及繽紛多彩的椅子，給人非常輕鬆活潑、但又能充分放鬆的感覺。在這裡從早到晚都有可口的餐點，自家製的granola早餐穀片會加上美味的優格與新鮮水果切片，香蕉蛋糕會在上桌前兩面烘烤過，中午也有好吃的蔬菜湯與三明治。咖啡當然不用説，這裡的咖啡豆來自倫敦的知名烘豆品牌Climpson & Sons、以及巴黎的KB Caféshop❶，都是品質保證。

因為有兩面大片的玻璃窗，室內的光線非常充足，店裡還有許多店主精心收藏的漫畫，可以非常悠閒地度過一整個早上或午後。

註：1.巴黎知名的烘豆品牌，在South Pigalle擁有一間非常受歡迎的咖啡店。

Info

網　　頁｜http://www.radiodays.cafe/
地　　址｜15 Rue Alibert, 75010 Paris
地　　鐵｜Goncourt／Hôpital St. Louis（11號線）／République（3號線、
　　　　　5號線、8號線、9號線、11號線）
營業時間｜Mon-Wed：9h30～19h／Fri：9h30～19h／Sat-Sun：10h～19h
價　　位｜咖啡與飲料：2.5～5€；甜點：1.5～7.5€；鹹食：4.5～6.5€

● ● ●

1 Radiodays店內裝潢精緻可人、光線充足。

2 穀片加優格及水果，一天的充沛活力就從早餐開始。

華麗而頹廢的異域空間
Le Comptoir Général

飲品類・餐廳類・藝文類 2

Le Comptoir Général這個結合了酒吧、咖啡廳、餐廳、藝廊及概念店的複合式空間，有著在巴黎非常少見的風格，如同官方網站上所說的，是一個「奉獻給異國風情的廟宇」。隱藏在聖馬丁運河旁邊的一個靜謐小巷中，光是位置就非常神祕。從掛著紅色布幔的門口進去，是一條長長的走廊，風格既華麗又頹廢。天花板上垂吊著古董水晶燈、兩邊的壁紙都是深紅色的，上面裝飾了羽毛扇、豹皮與充滿非洲風的畫。兩個大空間以種滿了綠色植物的花園連接，一個是餐廳、另一個是較為輕鬆的酒吧、咖啡廳。餐廳裡的牆上裝飾著罕見的鳥類羽毛、動物標本、骨骼，還有舊的非洲地圖，餐廳一角有著復古打字機、舊的檔案櫃，桌子旁邊還有大型汽油桶，宛若置身殖民時代的軍事營地；酒吧內挑高的天花板有著良好的採光，爬藤蜿蜒其上，再加上室內也種了大型的熱帶植物如棕櫚樹等，坐在這裡的舊皮沙發上，讓人懷疑自己根本不在巴黎。

為了推廣非裔族群的ghetto文化，Le Comptoir Général致力呈現融合了各種族群的多樣性面貌，除了店裡販賣一些手工藝品外、也經常舉辦不同主題的展覽。這裡雖然一開始在氣氛上給人些許距離感，但其實滿適合朋友們週末夜一起外出喝杯飲料。在聖馬丁運河附近散步時，也可以繞來感受一下完全不同的風情。

Info

網　　頁｜http://www.lecomptoirgeneral.com/en/
電　　話｜+33 1 44 88 24 48
地　　址｜80 Quai de Jemmapes, 75010 Paris
地　　鐵｜Jacques Bonsergent（5號線）／Goncourt／Hôpital St. Louis（11號線）／Gare de l'Est（4號線、5號線、7號線、RER D）
營業時間｜Mon-Sun：11h～2h
價　　位｜飲料：6～10€；餐點：10～18€

●●●
1 非洲風的吧檯，讓巴黎的夜生活別具風情。

2 通往門口的紅色長廊，華麗又頹廢的風格讓人有種時空交錯之感。

1

包子變身，成為美食潮流寵兒

Siseng

2015年初開幕，Siseng賣的是令人眼睛一亮的亞洲風包子漢堡。隨著這幾年包子在世界各地開始走紅，巴黎最近這兩年也開始出現一些餐廳，重新詮釋這個台灣人非常熟悉的點心，將它改頭換面變成走在流行最前線的新潮餐點。Siseng的老闆娘是寮國華人，在於巴黎定居之前曾輾轉住過日本與台灣，來到巴黎後也曾在幾家亞洲餐廳掌廚。但是將包子及餐廳空間用時髦的方式重新設計呈現，則是兒子Stéphane Siseng的主意。美式漢堡的風潮從2014年開始席捲巴黎，兩年間漢堡專賣店開得方興未艾；中式包子雖然從2015年中之後受到許多注意，但是Siseng是第一個將漢堡與包子結合、並且徹底地扭轉了包子的傳統與亞洲形象的店家。開幕之後立刻受到本地媒體、各類美食評論、以及潮男潮女的青睞，很快炙手可熱、永遠座無虛席。

這裡的餐點除了包子漢堡搭配炸地瓜薯條外，也有不少亞洲風的小點，例如越式春捲、可樂餅、炸蔬菜、甚至炸醬麵等，菜單會不定期更換。上次我和朋友前去拜訪時，中午的附餐飲料是檸檬冬瓜茶。Siseng就在聖馬丁運河旁邊，完全敞開的門戶讓視野毫無遮蔽，可以直接看到運河的綠意。餐廳以黑色、藍色為主體的裝潢，再加上坐在裡面穿搭有型的巴黎人，也成為這一區相當可看的風景之一。

Info

網	頁	https://www.facebook.com/siseng/
地	址	82 Quai de Jemmapes, 75010 Paris
地	鐵	Jacques Bonsergent（5號線）／Goncourt／Hôpital St. Louis（11號線）／Gare de l'Est（4號線、5號線、7號線、RER D）
營業時間		Tue-Sun：12h〜15h30；19h〜23h
價	位	餐點：7〜10€；午間套餐：15€

●●●

1 Siseng的包子漢堡調味也是混搭的亞洲加法式風情，左邊的炸雞排漢堡佐羅勒椰奶醬，右邊的五香牛排漢堡則以焦糖化的羅望子醬汁調味。

2 坐在店內的玻璃落地窗品嚐美食，欣賞時尚有型的巴黎人，旅行的美好莫過於此。

3 老闆娘在時髦的吧檯後工作，掌握餐廳全局。

享受自然農舍風的美好早晨
Institut de Bonté

飲品類・餐廳類 **4**

自從Institut de Bonté開幕之後，他們店內有如在法國鄉村的美麗照片就一直出現在我的Instagram牆上。而當我終於和荷蘭來訪的朋友約在這裡碰面、自己確認了這家店的魅力，也當下就完全為它傾倒了。這家店從早餐開始，就完全體現了店主和大家大方分享美味食物的善意，呼應了店名「bonté」在法文中的善良、善意的含義 。只要7€的早餐便可以選冷熱飲各一（冷飲還是由當季新鮮水果現榨的果汁）、加上乳製品或優格、各種穀片、麥片、麵包、果醬、有機奶油、蜂蜜等buffet式的豐盛選項，而且所有東西都有相當不錯的品質。週六日的早午餐（23€）則是將以上的清單再加上沙拉、當季蔬菜、烤牛肉或烤雞與馬鈴薯。平日的中餐供應每日更替的家常料理、湯及甜點，其他時間也可以隨時進來喝杯咖啡、現榨果汁，享用樸實美味的蛋糕等。這裡有我在巴黎最喜歡的印度香料奶茶（Chai latté），味道濃郁但非常柔和，相當推薦。

1 Institut de Bonté店內的裝潢有著濃濃的自然鄉村風。

2 豐盛的早餐價格親切，份量與品質都相當值得推薦。

3 厚實的木頭餐桌質感溫潤，營造出可讓人充分放鬆的氣氛。

餐點之外，這裡美麗的擺設與室內裝潢絕對會讓喜歡拍照的人捨不得離開。一進門就可以看到木製的櫃檯周圍擺滿盆栽，新鮮水果、蔬菜裝在藤籃、木箱裡，牆上掛著草帽、布衣、圍裙、油燈，牆邊倚著農具與乾草、大型乾燥花；室內也是一致的農舍風，有厚重的木桌與木椅、木製的層架上面擺著琺瑯壺、玻璃杯、樸實但充滿質感的碗盤、酒瓶等，桌上當然也有裝飾鮮花，每一個細節都非常有味道、而且毫不做作。如果喜歡《Kinfolk》雜誌❶那樣的攝影美學與生活風格，這裡絕對不能錯過。

註：1.《Kinfolk》是在美國波特蘭創立的生活風格雜誌，推崇慢活，一年發行四期。每一期雜誌都有一個與居家、生活有關的主題，內容則有散文、食譜、生活創意等。這本雜誌推崇簡單寧靜的生活哲學，清幽素淨的攝影風格也非常突出，每一幅畫面都美得像詩。這本雜誌自從推出之後便迅速風靡全球，幾乎可稱得上是全世界文藝青年的聖經。

1 Institut de Bonté一開幕，就以特色風格與餐食吸引許多饕客注目的眼光。

2 抱持著善良及善意的理念，Institut de Bonté提供的餐食相當精緻實在。

3 木製層架上擺著古樸溫婉的瓶罐、水壺，旁邊則是各種口味的果醬。

4 可口健康、加了各種果乾與堅果的歐式鄉村麵包。

Info

網　　頁｜https://www.facebook.com/institutdeb/
電　　話｜+33 1 85 09 18 50
地　　址｜84 Quai de Jemmapes, 75010 Paris
地　　鐵｜Jacques Bonsergent（5號線）／Goncourt／Hôpital St. Louis（11號線）／Gare de l'Est（4號線、5號線、7號線、RER D）
營業時間｜Mon-Sun：8h～12h
價　　位｜飲料：2～6€；餐點：4～23€

02
Rue de la Grange aux Belles 的低調嘉年華

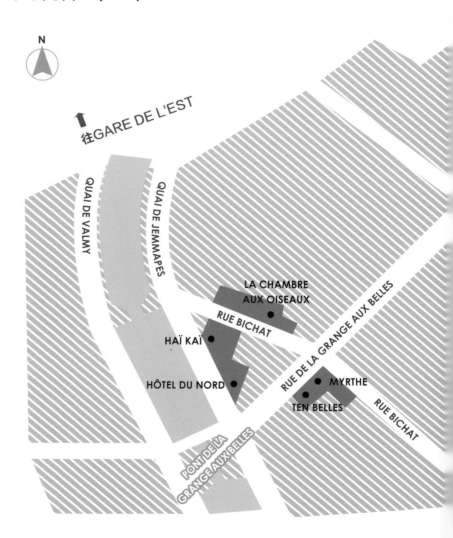

N

往GARE DE L'EST

QUAI DE VALMY

QUAI DE JEMMAPES

LA CHAMBRE AUX OISEAUX

RUE BICHAT

HAÏ KAÏ

RUE DE LA GRANGE AUX BELLES

HÔTEL DU NORD

MYRTHE

TEN BELLES

RUE BICHAT

PONT DE LA GRANGE AUX BELLES

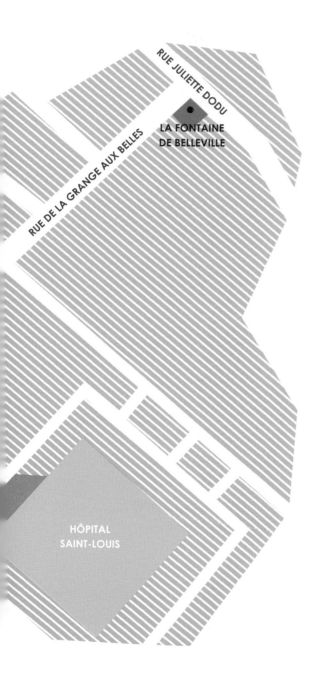

RUE JULIETTE DODU

LA FONTAINE
DE BELLEVILLE

RUE DE LA GRANGE AUX BELLES

HÔPITAL
SAINT-LOUIS

從Rue de Lancry接Rue de la
Grange aux Belles的橋Pont de la
Grange aux Belles，是一個巴黎
少見會開闔的旋轉橋。雖然聖馬
丁運河現在早已沒有當時的運輸
功能，但是偶爾有一些船隻經過
時，還是會讓兩邊的行人與車輛
停止通行，等船通過之後，交通
才恢復。在這座橋的正後方有一
座天橋，如果剛好幸運遇到船隻
通過水閘，在這裡正好可以由上
而下俯視旋轉橋運行的風姿。
過了橋之後左手邊是全球知名的
Hotel du Nord北方旅館，下橋直
走的Rue de la Grange aux Belles
則是這一區裡我最喜歡的一條
路。Ten Belles咖啡店與旁邊的
Myrthe食品雜貨店以及Bleuet
Coquelicot花店，三家店獨特的
個性與裝潢，還有互相呼應、彼
此協調的門面佈置，加上露天座
位與來往的行人，從路的對面看
起來就像一個低調小型的嘉年華
會。如果在下面的路口左轉，立
刻就能到達有著復古鄉村風的咖
啡店La Chambre aux Oiseaux；
若繼續直走經過Hôpital Saint-
Louis，就會看到既古典又時髦
的La Fontaine de Belleville。

傳奇旅館化身老屋餐廳
Hôtel du Nord

餐廳類 **1**

完工於1912年，位於聖馬丁運河旁邊的Hôtel du Nord，見證了運河的發展史，在當時是工人、水手經常聚集之處。旅館主人的兒子Eugène Dabit在旅館內看過形形色色的客人、聽過無數故事，啟發靈感寫下同名小說。1938年法國導演Marcel Carné 拍成同名電影，並捧紅了說出電影台詞：「atmosphere, atmosphere⋯⋯」的影星Arletty，這裡從此成為全球知名景點。

雖然電影以此地當成故事舞台，但實際並沒有在旅館內拍攝。所有的景，包括旅館本身、甚至聖馬丁運河都是在Billancourt studios重新搭建的。也因此，在1970年代，當巴黎城市現代化呼聲大起，旅館本身因維修不善、面臨拆除的命運時，也曾經經歷無法證明旅館本身是古蹟的窘境。巴黎市民與藝文界人士團結起來，要求保護大家的歷史記

憶，Arletty也出來發聲，最後旅館在1989年順利登錄為古蹟，保留了知名的門面、屋頂的山牆。原本旅館的住房與大廳重新整建，改成現今可容納一百人，充滿1930年代風情的餐廳。

這裡的餐廳除了供應傳統的巴黎小酒館菜餚，如鵝肝、韃靼生牛肉、煎牛排與薯條外，也有一些融合現代法國面貌的食物，例如越南乾拌河粉、漢堡、鮪魚生魚片等。

●●● ————

1 保留了外觀，Hôtel du Nord散發出一股濃濃的復古氣氛。

2 炙燒鮪魚分量十足。

3 巴黎小酒館的經典菜色：煎牛排。

4 老屋餐廳的附近綠樹成蔭，很適合吃飽飯出來走走逛逛。

Info

網　　頁	│	http://www.hoteldunord.org/en/
電　　話	│	+33 1 40 40 78 78
地　　址	│	102 Quai de Jemmapes, 75010 Paris
地　　鐵	│	Jacques Bonsergent（5號線）／Gare de l'Est（4號線、5號線、7號線、RER D）
營業時間	│	Mon-Sun：10h30～1h30
價　　位	│	餐點：9～26€；咖啡與非酒精飲料：2.5～4€；酒精性飲料：8～15€

時髦女主廚的即席創作

Haï Kaï

Haï Kaï的年輕女主廚Amélie Darvas在年僅二十四歲時，便和另外兩位好友合開了這間時髦的餐廳。雖然年輕，但她的資歷完整，待過如五星級飯店Le Meurice❶、Le Bristol❷、巴黎知名小酒館l'Ami Jean、以及第二章中介紹過的北歐風精品咖啡店The Broken Arm，並在眾多名廚如Eric Frechon、Hélène Darroze、Stéphane Jego的指導下工作過。Amélie本人的料理風格非常現代、清新、而且充滿活力，她說從小就覺得烹飪是一件好玩的事，自己是用直覺在做料理，每天變換兩次菜單、許多作品都是即席創作。

Haï Kaï的餐廳外牆漆成紅色、上面有各種塗鴉。2015年該區發生恐怖攻擊後，巴黎曾經發起「tous en terrace」的活動，鼓勵大家回到露天座位吃飯喝酒的日常習慣，這裡的外牆在那時候也畫了一幅兩人對坐、舉杯歡慶的塗鴉，給大家打氣。與奔放的塗鴉相對，

2

餐廳的內部裝潢則相當簡潔明亮，白色的牆面與木製桌椅，幾乎是北歐風格，但牆上的酒櫃一直延伸到天花板，則相當法式。餐廳面對人行道的大窗，在窗櫺上也擺滿了酒瓶，搭配室內溫暖的垂吊燈，從外面看來，就像在紅色的畫框中展示著現代生活，令人印象非常深刻。

註：
1. Le Meurice是巴黎幾家最頂級的五星級旅館與飯店之一，裡面的高級餐廳屬於法國名廚Alain Ducasse集團，一直到2016年為止皆榮獲米其林美食指南的三星殊榮，2016年獲得二星。
2. Le Bristol同樣是巴黎頂級的五星級飯店。飯店裡的Epicure餐廳，由法國名廚Eric Frechon領軍，在2016年的米其林指南中獲得三星。

Info

網　　頁｜http://www.haikai.fr/
電　　話｜+33 9 81 99 98 88
地　　址｜104 Quai de Jemmapes, 75010 Paris
地　　鐵｜Jacques Bonsergent（5號線）／Gare de l'Est（4號線、5號線、7號線、RER D）
營業時間｜Tue-Sat：12h30～14h30／19h30～23h
價　　位｜午餐：依每日餐點變化各有不同；晚餐：套餐60或100€、單點9～30€

●●●
1 2015年巴黎遭到恐怖攻擊後，鼓勵大家回到露天座位享用美酒美食、享受人生的塗鴉。

2 內部簡潔明亮的北歐風裝潢。

巴黎元老級的精品咖啡店
Ten Belles

飲品類 **3** ☕

Ten Belles是巴黎最早也最重量級的精品咖啡店。年輕的店主Thomas Lehoux是巴黎咖啡界的重量級人物，之前待過倫敦與雪梨，在雪梨時開始接觸咖啡產業、並擔任barista。Thomas 二十歲回到巴黎後希望繼續在咖啡業界工作，但當時除了在Pont Marie旁邊的La Caféothèque和幾個大品牌如如Malango之外，整個巴黎完全沒有像樣的咖啡店。一開始La Caféothèque甚至拒絕Thomas的工作申請，也沒想到他是真的對咖啡充滿了熱誠，直到每天看到他辛苦工作的態度，才確定他是認真的。先後在La Caféothèque與Eggs & Co.工作後，Thomas決定開立自己的咖啡店。Ten Belles致力於提供客人穩定高品質的咖啡、友善與輕鬆的環境，很快就在巴黎掀起一股旋風。之後Thomas更與志同道合的朋友合作，創立自己的咖啡烘豆品牌「Belleville Brûlerie」，目前是巴黎本地最大的烘豆商之一，提供許多精品咖啡店高品質的客製咖啡豆。他與兄弟們合開的Lockwood也大受歡迎。

Ten Belles不大的店面裡有兩層樓，時髦的barista們在小小的櫃檯裡迴旋，永遠充滿笑容的回應所有的客人。由於太受歡迎，現在的Ten Belles幾乎是一位難求，週末有時候連戶外的座位都能坐滿兩排。好咖啡之外，這裡的餐點也很有人氣，由Le Bal Café的前廚房團隊（包括主廚Anna Trattles與Alice Quillet）製作的司康、三明治與沙拉都非常美味，2016年7月底更在十一區新開了一家結合咖啡店與麵包店的「Ten Belles Bread」❶。

註：1.Ten Belles Bread的概念與Ten Belles大不相同，這裡的空間非常大，分成麵包與咖啡飲料兩區，有許多座位、室內設計也比較像一個食堂。地址是17-19 Rue Breguet, 75011 Paris, France。

Info

網　　頁｜https://www.facebook.com/TenBelles/
電　　話｜+33 1 42 40 90 78
地　　址｜10 Rue de la Grange aux Belles, 75010 Paris
地　　鐵｜Jacques Bonsergent（5號線）／Goncourt／Hôpital St. Louis
　　　　　（11號線）／Gare de l'Est（4號線、5號線、7號線、RER D）
營業時間｜Mon-Fri：8h～17h/Sat-Sun：9h～18h
價　　位｜咖啡與飲料：2.5～5€；甜點：1.5～5€；三明治：6.5～7.5€

●●● ─────
1 Ten Belles的咖啡很精彩，甜點也非常有人氣。

2 在戶外咖啡座中小憩片刻，享受巴黎悠閒氣氛。

1　　2

明亮歡快的小食堂
Myrthe

和Ten Belles緊鄰，還分享同一個門牌號碼的Myrthe，黃色的可愛門面夾在深藍色的Ten Belles、與藍紫色的小花店Bleuet Coquelicot中間，這三家店是Rue de la Grange aux Belles 上面最搶眼的風景，無論什麼時候走過，都會被這裡明亮歡快的氣氛吸引而忍不住駐足。

同樣有兩層樓，Myrthe是一家食品雜貨店、同時也是一家食堂。這裡精選來自法國各地的果醬、果汁、調味料、抹醬、奶油、起司等，並提供簡單健康的輕食，如無麩質的蛋糕、甜點、好吃的三明治、充滿各種穀類的沙拉、時令蔬菜湯等，當然也有使用Belleville Brûlerie的咖啡豆製成的濾泡式咖啡。Myrthe是由兩個好友Laura與Marion一起合作創立，店內的裝潢與氣氛和她們兩位活潑友善的特質非常接近，相當簡潔明亮。這裡十分適合中午放鬆心情，吃一頓美味的簡便午餐、然後挑幾樣喜歡的食材回家。

Info

網　　頁｜https://www.facebook.com/Myrthe-Epicerie-Cantine-493555464119766/
電　　話｜+33 9 86 24 40 22
地　　址｜10 Rue de la Grange aux Belles, 75010 Paris
地　　鐵｜Jacques Bonsergent（5號線）／Goncourt／Hôpital St. Louis（11號線）／Gare de l'Est（4號線、5號線、7號線、RER D）
營業時間｜Mon-Sat：10h～20h/Sun：11h～18h
價　　位｜咖啡與飲料：2～7€；甜點：2～4€；三明治及餐點：5～6€

●●●●
1 Myrthe店中販賣各種來自法國的食品雜貨，也提供輕食讓客人做選擇。

2 小巧可愛的Myrthe，與隔壁兩家店並肩，可說是該區的人氣景點。

甜美居家氛圍中，享受樸實的美味

La Chambre aux Oiseaux

飲品類・餐廳類 **5**

好朋友第一次帶我來這裡的時候，我才剛剛開始比較認真的拍照、經營Instagram，當時就已經發現這間店的迷人之處；過了一年後和幾位同為Instagramer的朋友再訪，看到更多值得注意的細節。巧妙地結合了英式與法式，這裡的風格是非常女孩的鄉村風。有一整面的花朵壁紙、舒服的沙發椅、復古瓷器、蕾絲燈罩的檯燈、以及舊式縫紉機改裝而成的桌子；木製櫃檯上擺著透明蛋糕罩與下午茶三層架，牆上釘的層架上有鹽罐、胡椒罐、與裝麵包的藤籃，壁爐上排排站著幾本書。就像在誰的客廳裡一樣，La Chambre aux Oiseaux的氣氛非常甜美而家居，在聖馬丁運河區眾多的咖啡店中獨樹一格。

這裡的飲料與餐點樸實而美味，表現都在水準之上。印度香料奶茶香氣十足、熱薑汁檸檬茶是以現擠檸檬汁做成；早餐的麵包與果醬選擇眾多、早午餐也非常豐盛，包括熱飲與冷飲、早餐麵包籃（附果醬與奶油），再加上沙拉、火腿、起司、水煮蛋、湯或其他鹹點與甜點。如果剛好到附近，不妨來坐一坐。

Info

網　　頁｜https://www.facebook.com/lachambreauxoiseaux/
電　　話｜+33 1 40 18 98 49
地　　址｜48 Rue Bichat, 75010 Paris
地　　鐵｜Jacques Bonsergent（5號線）／Gare de l' Est（4號線、5號線、7號線、RER D）／Goncourt／Hôpital St. Louis（11號線）
營業時間｜Tue-Sun：10h～18h30
價　　位｜咖啡與飲料：2.5～5€；餐點：10～20€

1 靜謐甜美的氣氛，La Chambre aux Oiseaux在該區眾多時尚咖啡店中，顯得格外有特色。

2 混合英式與法式風格，這裡提供了一種居家溫馨的情趣。

傳統外貌下隱藏的新潮風味
La Fontaine de Belleville

飲品類・餐廳類 6

在Belleville Brûlerie與Ten Belles大成功之後，這是兩個共同創辦人Thomas Lehoux與David Flynn的最新力作。面對著小廣場上綠色的華萊士噴泉（fontaine Wallace）❶、以漂亮的深藍色為主色調的La Fontaine de Belleville，和Ten Belles以及聖馬丁運河附近各家時尚精品咖啡館完全不同，這裡不管是高高的吧檯、大面的玻璃、格紋的地板、還是人行道上擺放的小圓桌、藤編的椅子，都重新回到了巴黎的傳統café風貌。不過這裡的咖啡可不像老咖啡館那樣淡而無味，精選來自巴西、衣索比亞、瓜地馬拉等產地的咖啡豆，由Belleville Brûlerie烘製，和Ten Belles一樣高水準；早餐也供應如muesli燕麥穀片加上季節水果、法式吐司等較為「新潮」的餐點。

註：1.華萊士噴泉是巴黎四處皆可見的公共飲用水噴泉，外型是漆成深綠色的小型鑄鐵雕塑，頂端由四個女神支撐。巴黎的公共輸水系統在1871年法國普魯士戰爭中遭到破壞，窮人無法支應乾淨水的開銷、而法國第三帝國政府也無力改善此問題。剛好英國慈善家Richard Wallace在1870年繼承了一筆鉅額遺產，他決定將這筆錢拿出來建造公共噴泉幫助巴黎人。Wallace設計草稿、然後交由雕塑家Charles-Auguste Lebourg完成，現在這個噴泉也成為巴黎的象徵之一。

●●●

1 以深藍色為主色調的La Fontaine de Belleville，呈現出時尚新潮風味。

2 古典的巴黎咖啡館設計，但客人都是型男潮女。

1

2

咖啡以外，這裡也提供各種酒精與非酒精飲料，包括巴黎本地釀造的啤酒、巴黎人愛喝的開胃酒、雞尾酒、果汁等。餐點同樣高水準，中午有美味的三明治、croquet monsieur❷、藜麥沙拉等，也有各種下酒小點如起司盤、綜合醃肉、香腸。就像巴黎人平常會去的咖啡館、酒吧的升級版，這裡很適合朋友間下班後、晚餐前的聚會，坐在戶外看著來往的行人，非常放鬆。不過因為處於非常bobo的十區，又是Belleville Brûlerie的團隊開設，這裡總會看到穿著打扮時髦的年輕人及社群媒體界的名人，和復古的風格形成有趣的對比。

●●●

1 來自Belleville Brûlerie的特製咖啡豆。

2 冰咖啡與醃牛肉香腸，這裡是朋友下班後小聚的好地點。

註：2.Croquet monsieur是法式焗烤起司火腿三明治，最簡單的做法是在兩片吐司中夾上生火腿、乳酪、白醬，上面再撒上起司條之後送入烤箱烤到起司融化。這是法國咖啡館與小酒館的定番菜單，是能夠快速填飽肚子的點心、也是簡單的午餐選擇。

Info

網	頁	http://lafontaine.cafesbelleville.com/
電	話	+33 9 81 75 54 54
地	址	31-33 Rue Juliette Dodu, 75010 Paris
地	鐵	Colonel Fabien（2號線）／Gare de l'Est（4號線、5號線、7號線、RER D）
營業時間		Mon-Sun：8h～22h
價	位	咖啡與飲料：3.5～11€；餐點：1.5～11€

03

運河西岸的食尚潮流

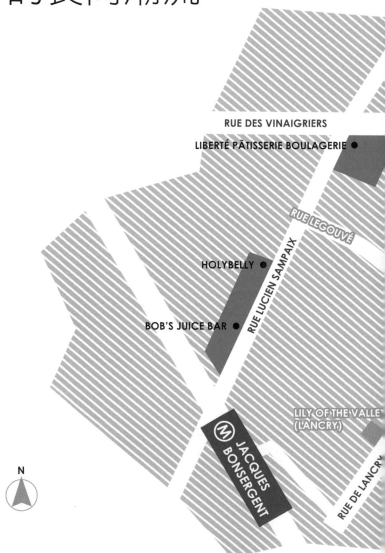

RUE DES VINAIGRIERS

LIBERTÉ PÂTISSERIE BOULAGERIE ●

RUE LEGOUVÉ

HOLYBELLY ●

RUE LUCIEN SAMPAIX

BOB'S JUICE BAR ●

LILY OF THE VALLE(LANCRY)

Ⓜ JACQUES BONSERGENT

RUE DE LANCR

N

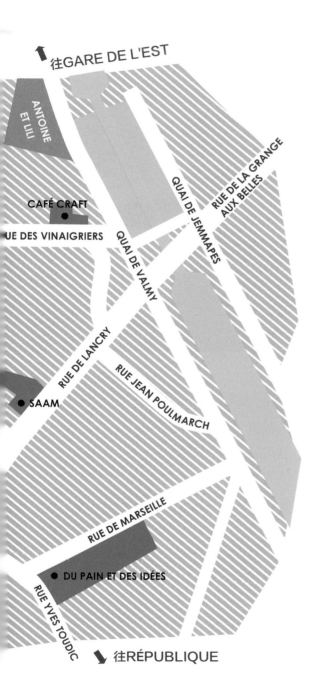

往 GARE DE L'EST

ANTOINE ET LILI

CAFÉ CRAFT

RUE DES VINAIGRIERS

QUAI DE JEMMAPES

RUE DE LA GRANGE AUX BELLES

QUAI DE VALMY

RUE DE LANCRY

RUE JEAN POULMARCH

SAAM

RUE DE MARSEILLE

DU PAIN ET DES IDÉES

RUE YVES TOUDIC

往 RÉPUBLIQUE

在聖馬丁運河另外一邊的Quai de Valmy往Jacques Bonsergent地鐵站方向，同樣有很多年輕人常去的時髦店家。因為家裡住在地鐵五號線上，所以每次來這一區，我幾乎都是在Jacques Bonsergent下車沿著Rue de Lancry往運河方向移動；回去的時候則會在Rue des Vinaigriers上流連，在Du Pain et des Idées買了麵包再回家。這兩條路途中會經過許多可愛店家，包括第二章提到的Lily of the Valley二店，以及一些河岸附近的漂亮咖啡店與輕食店。光是看看門面裝潢以及坐在門口露天座位的巴黎人，就是很有趣的經驗。另外在Rue Legouvé與Rue Lucien Sampaix的交界，蜿蜒的小巷兩邊是非常漂亮的紅色磚牆，很適合街拍。Rue Lucien Sampaix靠近聖馬丁運河河岸處，有一排將門面漆成粉紫色、綠色、黃色的服飾店Antoine et Lili，從橋上看過去特別可愛。

1

讓人安心舒適的咖啡工作室
Café Craft

現在回想起來，Café Craft很可能是我最早拜訪的一家巴黎精品咖啡店，也或許是在這裡第一次在巴黎喝到拿鐵咖啡、吃到檸檬罌粟籽蛋糕，這些在荷蘭與歐洲其他城市相對容易找到的熟悉組合當時在巴黎極為少見。這家咖啡店與巴黎其他精品咖啡店不同，因為除了好咖啡、好茶（使用Café Lomi的咖啡豆與Dammann Frères的茶葉，還有一台Marzocco義式咖啡機）、自家製的美味健康餐點、舒適的座位以外，還是一個能夠安心工作的地方。有高速的無線網路、提供插座，還有可以共同工作的長桌，最重要的是，老闆Augustin Blanchard的開店宗旨，就是希望Café Craft能提供一個適合工作的環境，讓在家中無法工作的人，能夠帶著自己的電腦來到這裡，即使坐上一天也沒關係。

這裡的裝潢也因應這樣的設定，以黑白格紋為主，較為冷調簡約。

2 **3**

●●● ──────────

1 自家製的美味鹹派與三明治。

2 Craft是個很適合工作的地方，提供高速網路及長桌。

3 黑白格紋的簡潔設計，讓Café Craft呈現出簡單典雅的氣氛。

Info

網　　頁｜http://cafe-craft.com/home/
電　　話｜+33 1 40 35 90 77
地　　址｜24 Rue des Vinaigriers, 75010 Paris
地　　鐵｜Jacques Bonsergent（5號線）／Gare de l'Est（4號線、5號線、7號線、RER D）
營業時間｜Mon-Fri：9h～19h／Sat-Sun：10h～19h
價　　位｜咖啡與飲料：2.5～5€；甜點：2～4€；餐點：8～11€

巴黎最受歡迎的早午餐
HolyBelly

要説HolyBelly是全巴黎最受歡迎的早午餐店也不為過，每個週末早上這裡都大排長龍，不管是巴黎本地人還是慕名而來的觀光客，都一起在人龍中等待叫位，期待能吃到巴黎最出名的鬆餅與早午餐。我曾經有一次和幾個同為Instagrammer的好友在外面癡癡等候了兩小時，才好不容易有座位空出來。如果你也想來一嘗美味，除了有耐心也記得避開人潮最為擁擠的時段。

除了早午餐，HolyBelly還依據時令與季節提供各種美味餐點，另外還有精選來自Belleville Brûlerie的美味咖啡。店主Sarah Mouchot與Nico Alary夫婦原本皆在影劇產業工作，先後待過溫哥華、紐約與墨爾本。他們在溫哥華體驗了慢活、享受食物的生活步調，在墨爾本體驗到好咖啡與美食結合的魅力。Nico Alary在墨爾本第一次吃到一頓豐盛的早餐，從此堅信好早餐對健康生活的價值；而Sarah在墨爾本開始正式在廚房裡工作。他們搬回巴黎後，決定把墨爾本的咖啡文化與生活經驗帶回與家鄉的人分享。2013年10月HolyBelly開幕，那時候巴黎幾乎還沒有任何精品咖啡店，而bistronomy的熱潮進行到一個段落，巴黎人開始找尋更簡單直接、跳脫國籍界限的美食，HolyBelly大受歡迎，也帶起了新一波的巴黎咖啡餐館熱潮。

Info

網　　頁｜http://holybel.ly/
地　　址｜19 Rue Lucien Sampaix, 75010 Paris
地　　鐵｜Jacques Bonsergent（5號線）
營業時間｜Mon, Thu-Fri：9h～17h／Sat-Sun：10h～17h
價　　位｜咖啡與飲料：2.5～10€；餐點：5～17€

1 HolyBelly是人氣小店，不管是當地人或慕名而來的觀光客，都等著排隊進去品嘗美味早餐。

2 HolyBelly最出名的培根楓糖鬆餅與好喝的咖啡。

美味又健康的冷壓果汁吧

Bob's Juice Bar

飲品類 3

Bob's Juice Bar大概是第一個將冷壓果汁、果汁吧等概念帶進巴黎的店家。店主Marc Grossman來自紐約，原本在華爾街從事金融相關工作，後來愛上了一個法國女孩，結婚之後搬到巴黎，從此沒有離開過。2006年時，他決定將自己對紐約的果汁吧和健康餐點的懷念帶入巴黎，因而催生了Bob's Juice Bar，現在他還擁有Bob's Bake Shop與Bob's Kitchen另外兩家店，能夠更完整的推廣他喜愛的食物與餐點。他堅持提供美味、吸引人的食物，而不以「健康概念」推銷，所以店裡有馬芬蛋糕、也有健康的沙拉。

Bob's Juice Bar也是如此，冷壓蔬果汁保留了最多的維生素與營養，但這裡的果汁與smoothie每一種都很美味，絕對不是那種必須要捏著鼻子、以健康目的說服自己才能勉強喝下去的果菜汁。另外還有用糙米、酪梨、芒果、黃瓜等做成的太卷壽司，以奶油乳酪、風乾番茄、醃漬節瓜和酥脆的法國長棍做成的三明治，以及沙拉、貝果等。甜點也有不少選擇，例如巧克力抹茶餅乾、馬芬、胡蘿蔔蛋糕。咖啡則是選用Belleville Brûlerie的咖啡豆。

Info

網　　頁｜http://www.bobsjuicebar.com/
電　　話｜+33 9 50 06 36 18
地　　址｜15 Rue Lucien Sampaix, 75010 Paris
地　　鐵｜Jacques Bonsergent（5號線）
營業時間｜Mon-Fri：7h30～15h／Sat：8h～16h
價　　位｜果汁與飲料：2～7€；餐點：3.5～6.5€

●●● ─────

在巴黎除了咖啡，Bob's Juice Bar提供的冷壓果汁也是健康美味的新選擇。

1

席捲巴黎的台灣刈包熱

SAaM

第一次在Instagram上面發現SAaM的時候很是驚訝,雖然早就知道台灣刈包因為美國韓裔名廚David Chang而走紅,但沒想到這家韓國食堂也會以台灣刈包為主打。包子這兩年在巴黎開始慢慢流行起來,隔著運河對面的Siseng也是以包子當成漢堡皮作為變化而大紅的餐廳,也許過兩年包子或刈包會取代美式漢堡,變成全球的熱門美食。

因為長住歐洲,太久沒吃過刈包,開幕沒多久就拉著朋友前去造訪。這家小店以簡單的木桌、門面椅搭配多彩的椅子、椅墊、家飾等,創造出輕鬆的氣氛,整體而言非常符合聖馬丁運河這一帶的時髦文青風。

SAaM的刈包是用正宗的台灣刈包體,夾入如韓式炸雞、韓式烤牛肉、豬五花肉等內餡,再佐以紫蘇、醃洋蔥、花生碎、辣黃瓜、醃梅子等各地的食材,色彩繽紛、非常引人食

2

3 4

●●●

1 對於旅居國外太久的人來說，來一個家鄉的刈包，就是一種幸福滋味。

2 SAaM以簡單的木門作為門面，給人一種樸實的感覺。

3 店內擺設簡單，以多彩椅子及椅墊打造出輕鬆的氣氛。

4 SAaM的文青風格與聖馬丁運河一帶的氛圍不謀而合。

慾，調味也相當好，讓人每一種都想試試。除了刈包，這裡也有一些用韓式料理變化而成的小菜，如韓式泡菜飯糰、炸韓式海苔捲等；有柚子與抹茶兩種口味的起司蛋糕也都相當美味。

Info

網　　頁｜https://www.facebook.com/SAaM-1578653845710110/
電　　話｜+33 9 83 50 84 94
地　　址｜59B Rue de Lancry, 75010 Paris
地　　鐵｜Jacques Bonsergent（5號線）
營業時間｜Tue-Sat：12h～14h30／19h～22h
價　　位｜刈包單點：6～7€；套餐：12～17.5€；飲料：2～4.5€；
　　　　　甜點：4～5€

追求自由、簡單的新理念麵包店

Liberté Pâtisserie Boulagerie

La Grande Épicerie的前甜點主廚Benoît Castel在六區開了
Joséphine Bakery之後，決定在聖馬丁運河附近的十區再開
立一個新品牌的甜點麵包店。Liberté正如名字所暗示的❶，
是一個嶄新的概念。解放原本總是藏起來或離銷售現場很遠
的甜點、麵包廚房，在這裡變成開放空間中的一部份，不僅
客人能夠直接看到製作現場，甜點、麵包師也能直接與客人
和消費者溝通、互動。

Liberté以白色為主的空間、大片的大理石桌面與工業風的粗
糙牆面，都非常有個性，與巴黎所有的麵包店或甜點店風格
皆大不相同。這裡的甜點與麵包也和空間設計的概念類似，

●●● ──────

1 Liberté Pâtisserie
Boulagerie的甜點風格
簡單，卻有著雋永的好
滋味。

2 簡潔工業風的室內設
計，與巴黎其他精緻小
巧的甜點店風格大不相
同。

2

非常簡約，例如招牌的la tarte à la crème（鮮奶油塔），就是由底部的奶油餅乾（biscuit sablé）和上面螺旋形的鮮奶油擠花、及頂端一小片招牌奶油餅乾構成。雖然造型簡單，但用的都是品質非常好的素材，例如加了馬達加斯加香草籽的柔滑奶醬（crème oncteuse vanille de Madagascar）、以及使用伊思尼法式酸奶油❷製成的香緹鮮奶油（Chantilly légère d'Isigny），因此特別細緻、滋味豐富。

店裡也有簡單的桌椅，可以在這裡搭配簡單的咖啡享用甜點與麵包。

註：
1. liberté即法文的liberty，自由之意。
2. 諾曼地伊思尼地區（Isigny-sur-Mer）是法國著名的奶油與法式酸奶油（crème fraîche）產區，該產地並榮獲原產地保護制度（AOP; appellation d'origine protégée）認證。

Info

網　　頁│http://libertepatisserieboulangerie.com/
電　　話│+33 1 42 05 51 76
地　　址│39 Rue des Vinaigriers, 75010 Paris
地　　鐵│Jacques Bonsergent（5號線）
營業時間│Mon-Fri：7h30～20h／Sat：8h30～20h
價　　位│甜點： 3～5€；維也納酥皮麵包：1～2€；其他麵包：依種類與重量各有不同

巴黎最負盛名的麵包店
Du Pain et des Idées

要說我最愛的巴黎麵包店是Du Pain et des Idées一點都不為過，每次來都像在森林裡發現糖果屋的小葛蕾特一樣。只要有朋友來巴黎，我絕對會推薦這家麵包店。Du Pain et des Idées的主廚Christophe Vasseur從小就夢想成為一個麵包師、用雙手創造出能讓他感到驕傲的東西。他原本在時尚產業工作，但三十歲那年決定轉行，在沒有經驗的狀況下從頭開始。整個巴黎有一千三百家以上的麵包店，但Vasseur主廚憑著他的決心、熱情與日夜不斷的練習，現在這裡已是全巴黎最好、最有名的麵包店。2008年法國知名美食評論指南Gault & Millau❶更將年度最佳麵包師的榮銜頒給他。除了本店外總是看到長長的人龍，Christophe Vasseur的麵包也供應許多有名的餐廳，包括附近的HolyBelly、Frenchie與Le Meurice的二星餐廳。他更於2015年10月在東京自由之丘開設自己的麵包咖啡複合店Rituel，讓更多人可以嘗到他的手藝。

Du Pain et des Idées的店面保留了1870年原建築內的天花板玻璃彩繪與三稜鏡設計，並使用古董、古道具等佈置，店面既懷舊又有著低調的華麗。為了忠實呈現二十世紀初的麵包店風格，店裡也只販賣麵包與維也納式酥皮麵包（viennoiserie）。人氣商品包括加了橙花水的布里歐許麵包「mouna」、各式各樣創新口味的螺旋狀蝸牛酥皮麵包「escargot」，還有加了橙花口味卡士達醬的「nifflettes」。不過，不管他們做多少麵包，Du Pain et des Idées最厲害的是不管哪一個都做工細緻，只要吃一口就能感覺到做麵包的人滿滿的愛與心意！

Info

網　　頁	https://dupainetdesidees.com/
電　　話	+33 1 42 40 44 52
地　　址	34 Rue Yves Toudic, 75010 Paris
地　　鐵	Jacques Bonsergent（5號線）／République（3號線、5號線、8號線、9號線、11號線）
營業時間	Mon-Fri：6h45～20h
價　　位	依種類與重量各有不同

●●●

1 喜歡吃麵包的人，絕對不能錯過來Du Pain et des Idées朝聖的機會。

2 櫥窗中的小裝飾品，散發出濃濃的華麗復古風。

3 Du Pain et des Idées最出名的酸種麵包「pain des amis」也供應許多巴黎星級餐廳，如Le Meurice與Plaza Athénée。

4 透明的麵包架上擺滿了各式口味的麵包，令人不由垂涎欲滴。

註：1.Gault & Millau在法國是與米其林餐廳指南齊名的美食指南，由兩位知名的美食評家Henri Gault與Christian Millau於1965年創立。以1～20點評分，拿到高分的餐廳會再以1～5頂廚師帽來標示等級。和米其林不同，Gault & Millau對餐廳的評比限於食物本身的品質；服務、價位、餐廳氣氛等會寫在額外的評論中。除法國地區，Gault & Millau也有發行荷比盧、瑞士、德國、波蘭等國家的美食指南。Gault & Millau每年並選出年度最佳廚師、甜點師與仕酒師等。

從「喝」到「品嘗」的質變
Belleville Brûlerie

Belleville Brûlerie在巴黎的咖啡界，是一個不可能略過的存在。雖然位在較為偏遠的十九區，無法和其他店一起放在地圖上，還是得專文介紹它。

如前面在Ten Belles與其他咖啡店所述，它是一家巴黎本地的專門烘豆商，並供應許多巴黎精品咖啡店品質優異的精選咖啡豆。它在2013年11月由Thomas Lehoux、David Flynn與Anselme Blayney創設，這三個人分別是Ten Belles、Télescope❶、和Le Bal Café❷的經營者與創辦人，都是巴黎咖啡界的要角。創辦Belleville Brûlerie，是為了能夠更進一步掌握咖啡豆的來源與烘焙，在精品咖啡的世界裡更上一層樓。

除了烘豆之外，嚴格說起來，這裡並不是一個咖啡店，更像是一個咖啡知識分享中心。這裡有專門訓練barista咖啡師的課程、也有設計給咖啡愛好者的導覽賞味課程，週六則開放現場，讓有興趣的人能夠更深入了解咖啡的相關知識、選擇合適的咖啡豆，或是現場品嘗咖啡。由於特別強調感受咖啡的本味，這裡提供的咖啡僅有espresso義式濃縮咖啡或是其他種類的沖泡式黑咖啡（包括濾泡式與各種手沖咖啡），沒有任何加牛奶的選擇。

和在其他精品咖啡店喝咖啡，還有其他生活品味的附加價值看似不同，在這裡喝咖啡是為了品嘗咖啡的風味、了解咖啡的身世歷史。然而，藉由將「喝咖啡」提升至「品嘗咖啡」的層次，以及將咖啡文化深植在日常生活裡的實踐，Belleville Brûlerie又何嘗不是從另外一個層面，擴展了中產階級的生活美學？

Info

網　　頁	|	http://cafesbelleville.com/
電　　話	|	+33 9 83 75 60 80
地　　址	|	10 Rue Pradier, 75019 Paris, France
地　　鐵	|	Pyrénées（11號線）／Belleville（2號線、11號線）
營業時間	|	Sat：11h30～17h30
價　　位	|	依種類與重量各有不同

做為巴黎咖啡界中的經典存在，Belleville Brûlerie不僅滿足大家喝咖啡的需求，更帶領有興趣的人進入品嚐咖啡、品味生活美學的層次。

註：

1. Télescope是巴黎最早的獨立精品咖啡店之一，2012年開幕。它高品質的精選咖啡、舒適與風格化的裝潢、加上各類美味的鹹點，引領了後來巴黎精品咖啡店的發展潮流。Télescope位於Palais Royal皇家花園附近一條安靜的小巷內，旁邊是巴黎最有名的烏龍麵專賣店國虎屋Kunitoraya。地址是5 Rue Villedo, 75001 Paris, France。

2. Le Bal是一個位於巴黎十八區的書店與展覽場地，內容特別著重在與影像相關的各種媒體形式。這個空間是由1930年代的舞廳改建，Le Bal Café則是同樣位於這個場地內的一家咖啡店與餐廳。主廚Alice Quillet（Anselme Blayney的妻子）與Anna Trattles用高品質的法國食材做現代的英式料理，非常受歡迎。這兩位主廚同樣負責Ten Belles Café與Ten Belles Bread的麵包與餐點。

巴黎人給問嗎？
去巴黎不可不知的18個Q&A

搬到巴黎之前，也去過巴黎旅遊幾次。然而在當地生活畢竟和旅遊完全不同，旅人與當地人眼中看到的巴黎也有相當有差距。有時候被台灣、或其他想來巴黎旅遊的朋友們詢問，才知道自己已經內化了多少巴黎的價值。以下大略從食衣住行購物的角度，為大家回答幾個可能有興趣知道的問題。並非要加深誰對誰的刻板印象，而是以較為輕鬆的方式，分享一些自己的觀察。雖然這是我深愛的城市，但也有一些不得不抱怨的地方，希望大家能從這些經驗裡窺見一些巴黎的面貌，也希望大家巴黎旅遊愉快！

食

Q 法國人是不是每餐都要吃完整的三道菜、吃好幾個小時呢？

A：應該是說，法國餐飲的形式發展得非常完整，每一家餐廳的菜單都會列出前菜、主菜、與甜點，星級餐廳還會加上開胃菜、湯、以及餐後佐咖啡的小點等。但是並非每個人每天、每一餐都會完整吃到這三個程序。除非特別上餐廳，不然一般巴黎人其實吃得相對簡單，特別是午餐。許多人中午就是點一個前菜（尤其是沙拉）或是主菜、加上麵包，餐後來杯咖啡就結束了。而且和台灣外食比例很高完全不同，法國人其實很常在家裡自己煮飯、吃晚餐，朋友聚會也有滿高比例是在家裡。偶爾犒賞自己、或是慶祝特別的場合才會特地去餐廳晚餐，這時候時間就會拉得比較長、餐點也會吃得比較完整。

Q 餐廳裡的水和麵包是免費的嗎？

A：對的，法國和其他歐洲國家不一樣，在一般餐廳要白開水是不用另外付錢的。如果想省錢、或是沒有喝酒的習慣，只想點白開水的話，請和侍者說明「une carafe d'eau, s'il vous plaît.」。不過要注意的是，這裡的carafe d'eau特別指的是自來水喔（法國的自來水是可以生飲的）！如果只說「de l'eau」，那侍者會再確認是要「pleine」（無氣泡礦泉水）或「gazeuse」（有加碳酸的氣泡水），這時候就是要額外付費的囉！在星級餐廳則沒有caraf d'eau的選項，一律是要付費的。麵包則是會隨著前菜或主菜一起上桌，不需另外點，而且吃完了還可以續籃！

Q 在巴黎的咖啡店要怎麼點咖啡、聽起來才像內行人呢？

A： 如果到了巴黎的咖啡店，想要聽起來更像老巴黎，點咖啡的時候可以用一些當地人習慣的術語。譬如點一杯濃縮咖啡，可以簡單的稱為un café，也可以稱為un café simple、un café noir、un café express或是直接un express。如果是稀釋的濃縮咖啡（接近台灣的美式咖啡）會叫做un café allongé；有加牛奶或奶精的稱為un café crème，或是un crème；espresso中加上一點（真的只是一點！）牛奶的稱為noisette，以其接近榛果的金黃褐色得名。如果想要點一杯低咖啡因的咖啡，un café décafféiné也可以直接簡稱為un café déca或是un déca。對甜牙齒的人來說，在法國餐廳和茶沙龍還有一個超級夢幻的選項，那就是「café gourmand」，這個組合包含一杯濃縮咖啡，還有兩到三樣的精選迷你甜點，適合吃完午晚餐後，想要一網打盡咖啡與甜點的老饕，也適合想要一次嘗試多種甜點、舉棋不定的人。

衣

Q 巴黎人是不是都很注重穿著、很常穿名牌的衣服呢？

A： 巴黎人很注重穿著沒錯，但他們厲害的地方，是將大眾品牌（例如連鎖超市Monoprix的服裝部門）也穿得像名牌一樣。巴黎人絕對不會高調地拎著名牌包、或身著有著大品牌logo的衣物與配件在街上晃，因為那是像暴發戶般沒有品味的行為。

Q 怎樣穿看起來才像巴黎人？

A： 巴黎人對衣服的品質與顏色搭配非常講究，一般來說，身上連配件絕對不會超過三種顏色、也不會穿有各種蕾絲或裝飾複雜的衣服。一到冬天，整個街上看到都是穿著黑色大衣的巴黎人，如果想要被當成觀光客、或不想跟朋友走散，那穿黑色以外的顏色就對了。白襪子及短袖襯衫是巴黎人覺得毫無品味的極致代表；運動鞋只有在運動場上、以及慢跑時能穿，而穿桃紅色或螢光色的羽絨衣與運動防寒外套，那不是亞洲觀光客（不含日本人）就是美國人。

住

Q 在巴黎住宿，沒有電梯是正常的嗎？

A：對，這真的是正常的。由於巴黎許多公寓都動輒有數百年歷史，許多巴黎人自己也是住在六樓沒電梯的公寓內（包括我），所以外出永遠都要計劃好一次要辦的事，如果忘了東西就是忘了。自從搬到現在住的地方後，我曾經有兩年沒有回台灣，因為想到搬行李上下就頭皮發麻。來巴黎旅遊，如果住民宿或Airbnb，記得確認電梯的事，也不要帶太多東西來、或一時激動買太多紀念品。之前表妹與同事來巴黎，因為住宿地點沒有電梯，兩人搬行李上三樓之後，接下來吃晚餐時手都發抖得幾乎拿不住刀叉。住旅館的話就不用太擔心，大部分會有電梯。

Q 巴黎真的有哪些不太安全的區域嗎？選住宿的地點時要注意哪些事情呢？

A：一般而言北邊的區域如十七、十八、十九區以及較外圍如二十區與外省，是要比市中心或左岸各區更需要注意安全。在選擇住宿地點的時候，盡量選擇以上提到的區域以外的地方，然後最好靠地鐵站近一點，晚上回家的時候不用走太遠就能到。

行

Q 法國人都不說英文，是真的嗎？有哪些一定要學會的法文呢？

A：大部分的法國人是不太說英文的，即使他們聽得懂。原因不只是他們對法語的自傲，也包括他們其實英文不太好。巴黎人應該是法國人裡英文最好的一群，許多年輕人以及在外商公司工作的白領階級，也和台灣人一樣，喜歡在談話中插入幾個英文單字，顯得自己非常cool。除了打招呼使用的「bonjour」（日安）、「bonsoir」（晚安）、以及「s'il vous plaît」（請）、「merci」（謝謝）、「pardon」（不好意思）外，也許還可以記得下面這一句：「Parlez-vous anglais?」（請問您說英文嗎？），會比劈頭就和對方說英文來得禮貌一些。

Q 如果遇到地鐵或公共交通運輸罷工要怎麼辦？

A：先罵一聲「putain!」（X！）就接受這個事實，開始想解決辦法，例如規劃替代的交通工具如velib（巴黎市的腳踏車，類似台北的ubike）或直排輪、滑板、走路，然後「reste zen」（保持淡定）， 因為c'est normal（「這很正常」）、c'est la vie（「這就是人生」）。還好巴黎很小，每一個地鐵站都距離很近，走走路看看美景，其實很快就到目的地了！

Q 在地鐵上可以吃東西嗎？

A：原則上是不行、也不建議，但總是有人在吃東西。而且比起吃東西，更多人在地鐵上喝酒。特別是週五晚上。在車廂內與地鐵內到處都是喧譁的年輕人，視時間而定，他們不是正在要去soirée（法語，開派對之意）的路上、就是剛剛要準備回家或去下一攤。帶罐裝啤酒是小case，也有很多人直接帶著一瓶紅酒或白酒、還有塑膠製的酒杯（是酒杯、不是水杯），在地鐵上就喝了起來，開心的時候還會問旁邊的乘客要不要一起喝。

Q 去巴黎是不是一定要去羅浮宮和奧塞美術館呢？巴黎人平常也都會去嗎？

A：如果沒有去過，那還是至少去一次吧！能親眼看到許多熟悉的繪畫、雕塑的真跡，真的會很感動。雖然這些地方大部分是觀光客，但是還是有不少巴黎人也會去參觀，特別是美術學院或相關科系的學生。盡量避開週末與假日，人潮會比較少。特別推薦週三或週五傍晚去參觀羅浮宮，因為這兩天羅浮宮都開放至晚間9點45分。巴黎最不缺的就是各種博物館、美術館與展覽，喜歡藝術的人大概沒辦法離開這個城市。除了大的博物館外，還有各式各樣精巧、有特色的小美術館非常值得一去，例如位在Tour Montparnasse（蒙帕納斯塔）附近的Musée Bourdelle、Saint Georges附近的 Musée national Gustave Moreau、以及有著驚人義大利畫作收藏的私人美術館Musée Jacquemart-André。

Q 在巴黎有時候會覺得被巴黎人白眼、或是對方對我的問題相應不理，請問是他們沒禮貌還是……？

A：其實巴黎人有時候並不是沒禮貌，而是他們的禮貌守則與台灣人不太一樣，觀光客不太清楚，就會讓巴黎人很感冒。譬如遇到鄰居，一定要打招呼、和別人講話或詢問資訊以前，也要先說「bonjour!」或「bonsoir！」，如果只說「excusez-moi」或「excuse me」當成開場，那巴黎人一定會先用「bonjour!」回答，提醒你還沒跟他們打招呼。進出店家的時候也要記得說bonjour打招呼、然後說「merci, au revoir.」（謝謝，再見。）才離開。再來在巴黎進出地鐵站或是大樓、店家等，巴黎人一定會扶著玻璃門，等後面的人到了之後才離開。如果完全不管後面的人、只顧自己進出的話，肯定會遭到白眼。另外，亞洲人很習慣微笑，有時候不知做何反應、或是不好意思的時候都會微笑，但是笑太多在巴黎會被誤會，要不是對對方有意思、就是天性太樂觀（在巴黎大約等於笨蛋的意思）。所以和巴黎人溝通的時候，態度不卑不亢就好。

Q 據說法國的辦事效率很差，是真的嗎？

A：在法國，不管要辦任何事，有耐心與培養閱讀習慣這兩項都不可或缺。如果在台灣一天可以辦好三件事，在法國請把期望值降低到三分之一以下，通常一天能夠辦成一件事就應該偷笑。千萬不要因為法國辦事效率差、或是無法立刻問到自己想要的資訊就氣急敗壞，否則生氣太頻繁是會傷身的。隨身帶上一本好書非常必須，因為即使和對方約了時間，那只是表示你該在那個時間到達、以免等更久而已。在法國該有的心態不是快速有效率，而是盡量讓等待的時間過得愉快一些。

Q 巴黎是不是真的很不安全呢？特別是在恐怖攻擊後。

A：由於法國是ISIS的頭號攻擊對象，巴黎又是動見觀瞻的全球城市，所以發生恐怖攻擊的機率確實可能較其他國家高。但是在高度全球化的今日，人口流動不可避免，所有的影響也是全球連動，不見得在英國、美國、德國就會比較安全。巴黎人在經歷過多次恐怖攻擊後，仍然驕傲地堅持自己的信念，維持正常生活、不被恐懼擊垮。既然不能讓恐怖組織掌握人心，且沒有人能預測下一次恐怖攻擊會發生在什麼時候、在哪裡，那麼如常的生活，也許才是最佳的解藥。

Q 一個人是不是最好不要晚上在路上走？

A：我剛到巴黎的時候，晚上絕對在十點以前回家，天黑了就盡量不出門。但後來因為在Le Meurice甜點廚房實習，有時候會到凌晨才下班、另外認識的朋友多了、對巴黎也比較熟悉，所以就比較放鬆，經常在晚上出門。其實晚上的巴黎沒有那麼可怕，即使到十點十一點，市中心的地鐵站還是很多人、而且路上也很多行人。不過一個人真的要特別注意安全，盡量不要落單、不要去人煙稀少的地方。因為地鐵站內有許多醉漢，搭公車會比搭地鐵相對安全一些。

購物

Q 在巴黎可以買什麼伴手禮或紀念品呢？

A：這也是每次回台灣前最困擾我的一個問題。如果想要保持行李的輕便，建議可以買一些茶葉。法國有非常多好的茶葉品牌，除了知名的Mariage Frères（瑪黑兄弟）外，還有Damnann Frères、Hédiard、Betjeman & Barton、Kusmi Tea、Lov Organic、Palais de Thé等。巧克力也是很好的選擇，畢竟法國有許多全世界頂級的巧克力品牌如Valrhona、 Michel Cluizel。書中介紹了幾家巧克力專賣店，不過近年來許多大師自創品牌，如Le Chocolat Alain Duccasse的巧克力也很推薦。

如果嫌巧克力太重，也可以考慮買專門沖泡熱巧克力的巧克力粉，法國濃稠的熱巧克力會讓你感到驚奇。另外法國的芥末醬也非常有名，而且有各種新奇的口味，記得買軟管而非玻璃瓶裝的，會讓你在搬行李下樓時感謝自己。

Q 在巴黎信用卡好用嗎？還是要帶現金呢？

A：在巴黎（以及許多西歐城市），因為debit card（直接從個人銀行帳戶扣款的簽帳金融卡）非常普及，所以大部分人身上不會帶著大額現金。我自己更多時候是錢包裡完全沒有一毛錢的狀況，所以幾次掉錢包大概都讓小偷非常惱火（而且卡片還分開放在另一個錢包）。不過建議身上還是帶著一些現金、以應付小額支出，例如去麵包店買麵包、咖啡店喝咖啡、或是文具店買東西等，很多時候沒有超過10歐是不能刷卡的。5歐、10歐、20歐是最常用的紙鈔，50歐已經很少見，很多店家更是明文規定不收100歐元以上的紙鈔。信用卡還算普及，但在店家內消費只有觀光客才使用信用卡，而且有時候會發生在網路上購票，非法國的信用卡刷不過的情形。

Q 法國人好像假期很多，聽說星期天許多商店都不開門營業，如果臨時需要買東西，那要怎麼辦呢？

A：法國的休假日確實比亞洲多非常多，每個員工不論年資，每年都有三十五天的有薪休假。而法國政府為了維護家庭的價值、勞工與中小企業的權益，除生活必需品如超市、藥局等，禁止大部分的商店在週日營業。巴黎、馬賽等大城市在觀光客聚集的區域，如香榭麗舍、新凱旋門等地，商店在星期天能夠特許營業。入境隨俗，來到巴黎就活得像個巴黎人，記得在週末前事先計劃好需要的東西，週日就好好享受和身邊的朋友及家人的陪伴。去逛博物館、在塞納河畔野餐，和家人一起下廚，不都比購物來得更為寫意嗎？在巴黎需要特別注意的事情還有每年七月中開始，大部分的餐廳、甜點店、以及巴黎人都會出城休假去，時間從兩週到四週。如果計劃在暑假的時候來旅遊，重點就得擺在欣賞安靜的巴黎美景、別期望可以進行大食之旅。這是一年中整個巴黎最清閒的時刻，漫步在小巷中享受這個城市只屬於自己的感覺，其實也不錯呢！

台北甜點漫步

近兩年台灣開始一波法式甜點熱潮，年輕的主廚們親赴精品甜點的發源地巴黎學藝、並經過當地廚房現場的關關挑戰回到台灣。不管是自己開業、還是進入高級飯店的甜點廚房衝鋒陷陣，他們重新適應台灣的環境與市場，使用台灣當地食材創作、重新詮釋現代法式甜點精神的過程，完全是研究飲食習慣全球化、知識與技術傳遞、文化輸出與廚師能動性的社會學現場。我有幸在巴黎遇到了這些一起努力的好朋友、更參與了這段歷史的發展。他們都是我巴黎生活難以忘懷的一部份，很高興能看到他們的堅持逐漸開花、也很榮幸能在這本書裡和大家分享他們的故事。別只羨慕那些巴黎的甜點，相信台灣甜點界相互激盪、璀璨發光的那天很快就會到來。

綻放在好茶與花香之間的優雅

Quelques Pâtisseries 某某。甜點

台北市大安區

在一干巴黎認識的甜點師好友裡面，某某甜點的創辦人之一Jiou Jiou是我的摯友與頭號戰友。我們是Ferrandi甜點班的同班同學、還一起度過充滿挑戰的實習，在廚房中對抗高溫高壓、平日分享甜點心得，夜半相互打氣時仍不忘以戲謔口吻調侃生活種種。Jiou Jiou在我對巴黎近乎無知的時候，帶著我去聖馬丁運河、可愛的咖啡店、古董店、還有她暱稱為「吃飯街」的Rue Montorgueil。她對巴黎店家的認識、甜點的各種口味組合、細膩的美感、以及總是能修復甜點的金手指，都是當時的我崇拜的對象。而現在是某某甜點廚房靈魂人物的Lai，則是我人生中第一個親手做生日蛋糕給我的人，真的永遠難忘當時的感動。

鳳梨茉莉花茶聖多諾
黑泡芙（左）與某某
檸檬塔（右）。

我也記得有回在Jiou Jiou家吃到Lai親手做的馬卡龍,當下就對那個馬卡龍的光澤、細緻的裙邊、還有口味的融合度感到驚嘆。自從她們決定一起開店後,我就一直期待著兩個人理想成形的那一天。

雖然一直密切地注意她們的各種動態,但等到好不容易回台灣,已經是某某實體店面開幕超過半年以後。真的走到店門口、看到Lai與Jiou Jiou努力成果的那一刻,實在很難壓抑心裡的激動。Lai在赴Ferrandi學藝之前已經有著許多專業經驗,她的作品有著對完美細節的堅持和脫俗的美感。選用許多台灣的好茶與花香入味,是某某的特色,為她們的甜點更添一絲優雅。而採用乾燥花藝做店內主要裝飾、挑選設計桌椅與店門外排排站的綠意小盆栽,則是Jiou Jiou的巧思。

3

4

某某甜點的招牌，是酸度細緻、塔皮與內餡搭配無間
的檸檬塔、還有Lai的拿手威士忌蜂蜜起士蛋糕與各種
季節限定口味的聖多諾黑泡芙。每一款都傾注了她們
對甜點的愛與堅持。

●●●
1 與Jardin d'Hiver合作的
乾燥花藝裝飾，為整個空
間帶來優雅的氣息。

2 桌上陳列著如瑪德蓮、
費南雪、可麗露等常溫小
蛋糕。

3 有許多忠實支持者的蜂
蜜威士忌起司蛋糕。

4 蜜桃梔子花烏龍聖多諾
黑（前）與小山園抹茶柚
子聖多諾黑（後），兩款
皆為期間限定。

Info

網　　頁｜https://www.facebook.com/QuelquesP/
電　　話｜（02）2755-4097
地　　址｜台北市大安區安和路一段102巷23號
捷 運 站｜信義安和站（2號淡水信義線）
營業時間｜Wed-Sun：13h～19h
價　　位｜冷藏甜點：140～220元；飲料：110～160元（內用低消
　　　　　限制為一杯飲料）

將巴黎的日常美味帶進台北

WUnique Pâtisserie 無二法式甜點

在安和路的巷弄中，Wunique Pâtisserie 無二法式甜點小巧可愛的店面，吸引著甜點愛好者前去一探究竟。一進門右手邊可愛的牆面設計，用簡單的幾何線條表現經典的法式甜點，預告了主廚Tim和Winnie想把這些巴黎的日常美味介紹給台灣朋友的企圖心。

聖多諾黑泡芙、巴黎榛果泡芙、翻轉蘋果塔、千層派等，都是店裡的招牌，Tim將巴黎大師的作品加入了自己的巧思重新詮釋；另外還有所有Ferrandi甜點班的學生都會感到懷念的維多利亞，以糖煮鳳梨、榛果醬、甜塔皮組成，非常具有熱帶風情，在盛產高品質水果的台灣重現是最適合不過了。

我和Tim與Winnie相識在巴黎，有段時間經常和他們以及稻町森的兩個主廚Debbie、Pia

以及某某的Jiou Jiou一起相約吃甜點，在Tim和Winnie家寬敞的客廳聊天、討論實習時的經驗。後來開始自己創作甜點，我總是在對食譜與製作細節有疑惑的時候向Tim諮詢，他也從來不吝和我分享自己的心得。上一次在WUnique吃到Tim為Winnie創作的檸啡，真心為棉花糖包覆咖啡慕斯與檸檬果凍的口感感到驚艷，也為這個甜點裡藏著他們兩位的心意而感動。

Tim與Winnie是台灣Ferrandi校友群裡第一個開店的，WUnique也標誌了台灣甜點發展史上一個新的里程碑，很期待他們與其他的主廚們為台灣的甜點地景激盪出新的風貌。

Info

網　　頁｜https://www.facebook.com/wuniquepatisserie/
電　　話｜（02）2737-1707
地　　址｜台北市大安區安和路二段184巷10號
捷 運 站｜六張犁站（1號文湖線）
營業時間｜Thu-Mon：12h～19h
價　　位｜冷藏甜點：100～200元；飲料：80～120元（內用低消限制為一個冷藏甜點）

●●● ─────

1 「維多利亞」鳳梨榛果塔（左前）、巴黎榛果泡芙（左後）、與「檸啡」（右），三款都是WUnique常態甜點中很受歡迎的品項。

2 WUnique的手工果醬。

3 「檸啡」以棉花糖包覆咖啡慕斯與檸檬果凍，口感和口味都相當特殊。

2 小巧可愛的店面，WUnique的店名結合了主廚Tim的姓氏與英文字「unique」獨特之意，顯示了Tim對自己作品的企圖心。

執著，雕琢出珠寶般的巧克力

Yu Chocolatier 畬室 法式巧克力甜點創作

自從2013年巴黎杜樂麗花園一別後，再見到畬軒時，他已經是畬室的主人。他的夾心巧克力作品「畬」及「雪莉桂圓」分別獲得2016世界巧克力大賽（International Chocolate Awards）美洲亞太區的銀獎與銅獎、並且代表台灣受邀參加英國最大巧克力盛事「The Chocolate Show」展。畬室不僅是美國知名食評網站Eater推薦台北市的必訪店家、更入選熱騰騰出刊的LV Taipei City Guide。

剛認識畬軒時，就知道他是個為巧克力癡狂的人。和大部分來巴黎學藝的大家不一樣，他在到達世界甜點之都時，不僅早已確認自己將以巧克力師為志業、也有開創經營自己品牌的經驗。他來我們家作客時，除了帶來晚餐的咖哩塊、和大家分享他實習的故事外，還讓我們品嘗自己實驗多次的百香果黑巧克力甘納許。他解釋將百香果的果酸和黑巧克力融

合，其口味拿捏非常挑戰，稍有閃失就容易有讓人不快的氣息。那時候的我對甜點與巧克力的認識不深，可也深深為他的執著感到驚奇。

他曾經安慰在學校甜點考試不理想的我，説自己也絕非班上頂尖，但人生比氣長，最後看的是堅持過後的表現。他回到台灣重新開始創立自己的巧克力品牌，一路的耕耘大家都看在眼裡。招牌夾心巧克力就不用説，從畬室推出第一個巧克力塔、到現在共有風味各異的七款、以及兩個招牌巧克力蛋糕，不管是從外觀還是口味的掌握都展現他孜孜矻矻、廢寢忘食的成果。我難忘第一口吃到他的雪莉桂圓甘納許，嘴裡既有著層次分明的果香、煙燻、極具深度的酸味，又有著每一種味道相輔相成的完滿融合感。威士忌為這個本質深邃的甘納許在尾端添了一筆明朗上揚的風韻，嘗了之後就明白畬軒説自己花了數年時間研究甘納許質地與風味的變化，實無誇張的成分。而「百香」巧克力蛋糕中細緻的果香與優雅的甜度，則讓人莞爾想起四年前的我們。對過去這些挑戰與路上的顛簸，現在是否已能微笑自信以對？

在畬軒的廚房裡看著各種器材、專業書籍、材料堆疊，腦海裡立刻浮現他、以及每位在這行業中的朋友們每日堅持不懈的身影。這些有如珠寶般的甜點巧克力，哪一個不是經過不斷的打磨才燦爛發光的呢？

1 「Shibusa」純黑巧克力蛋糕（前）非常有野心地使用三種不同產地的黑巧克力互相搭配，整體風味深邃而綿長。「百香」巧克力蛋糕（後）果香、甜度皆十分優雅，百香果的法文「fruit de la passion」更蘊含了這個蛋糕是「熱情的結晶」的深遠寓意。

2 氣氛典雅沉穩的畬室。

3 代表台灣榮獲世界巧克力大賽獎項的夾心巧克力，是主廚畬軒的傾情之作，也是巧克力職人的魂之所繫。

Info

網　　頁｜https://www.facebook.com/yuchocolatier/
電　　話｜(02) 2701 - 0792
地　　址｜台北市大安區仁愛路4段112巷3弄10號
捷 運 站｜信義安和站（2號淡水信義線）、忠孝敦化站（5號板南線）
營業時間｜Thu-Tue：12h〜20h
價　　位｜冷藏甜點：140〜380元；飲料：150〜250元（內用低消限制為每人200元）

綿軟的戚風，溫柔的心

日式甜點　折田菓舖

台灣的法式甜點店熱潮方興未艾，但折田將大（Orita Masahiro）主廚選擇用他的甜點專業技術突顯自己的日本背景。折田菓舖的招牌是台灣人最愛的戚風蛋糕、蛋糕捲與千層蛋糕。我自己在短時間內造訪了兩次，吃到的三個甜點都令人驚豔。戚風蛋糕濕潤有彈性、充滿空氣感，調味細緻、外型簡潔，可以嘗到主廚溫柔的心，難怪才開幕沒多久就大受歡迎。

我與折田、還有某某甜點的Jiou Jiou幾年前一起在巴黎實習，還記得當時就為他流利的台灣腔中文驚奇不已。到巴黎學藝前折田曾經短暫停留台灣、也曾在新加坡工作，在待過許多不同的國家後，仍然最愛台灣，最後選擇將自己的店開在台北。開店之前他已經在台北又待了一年半、開立自己的工作室，做過各種法式甜點、測試台灣人的口味，最後開店時選擇自己的路。

●●●

__1__ 蛋糕體濕潤有彈性、滋味香醇溫柔的宇治抹茶戚風蛋糕。

__2__ 店內的裝潢設計簡潔明亮。

__3__ 不定期推出的本日甜點——日式天使蛋糕。

__4__ 蛋糕櫃中滿滿地陳列著折田主廚的得意作品，不早點去很快就被搶購一空。（Credit：Masahiro Orita）

除了完美的戚風蛋糕體之外，折田菓舖對每一個蛋糕的口味掌握都非常精準。以我上次嘗到的宇治抹茶戚風為例，使用來自京都小山園的抹茶粉，蛋糕的中間填了抹茶口味的甜點師奶醬（crème pâtissière au thé matcha）與黑糖凍，上面則以香緹鮮奶油、紅豆泥與日式栗子做裝飾。黑糖凍不僅增加了口感的變化，也為微苦的抹茶甜點師奶醬補足了香醇的餘味。而紅豆泥、香緹鮮奶油和日式糖漬栗子也都非常溫柔地襯托出身為主角的抹茶，絲毫不膩口，是台灣人都會喜歡的味道。

除了戚風蛋糕、蛋糕捲與千層蛋糕外，折田菓舖也做一些日式與法式的常溫蛋糕與小點心。一個個可愛精緻地排排放在靠窗的吊櫃上，讓人想起巴黎的 MORI Yoshida甜點店。店內空間相當寬敞、座位之間有適當的距離；出餐的櫃檯經過特別設計，像一個日式甜點小舖，其他一些小細節也非常有日本風情。

Info

網　　頁｜https://www.facebook.com/orita.japancakes/
電　　話｜(02) 2721-6350
地　　址｜台北市大安區仁愛路三段123巷6號1樓
捷 運 站｜忠孝復興站（1號文湖線、5號板南線）
營業時間｜Tue-Sun：13h～19h
價　　位｜冷藏甜點：180～200元；飲料：140～160元（內用低消限制為一杯飲料）

1

同步巴黎最新甜點潮流

Escape from Paris 芙芙法式甜點

前次回台北的另外一個驚喜,是Camille的甜點店Escape from Paris 芙芙法式甜點。先不要提美麗的主廚、店經理與店面,這裡的甜點每一樣都和巴黎的水準不相上下。和Camille在巴黎認識的時候,我已經結束Ferrandi的課程與實習。我們兩人之間有幾位很好的共同朋友,經常從他們那裡聽說Camille對甜點工作的認真執著、也經常為她的作品驚豔。最後一次在巴黎碰面,是和她與姊姊Christy一起吃飯,聽她們聊著籌備開店的過程,也感到既興奮又開心。

姐妹兩人一手打造的甜點店位於內湖科技園區一棟辦公大樓的二樓,風格簡潔優雅。大片的大理石櫃檯與白色為主調的空間,以粉橘紅色的包裝盒陳列與Camille手作的馬卡龍塔增添溫暖的氣息。整個隔著大片的玻璃窗,Camille與Christy一個人負責廚房、一個掌管前檯,兩人合作無間。

3

2

4

我密集地去拜訪了她們幾次，原因無他，因為這裡的甜點外型簡潔細緻、近乎無暇，可以看出技術的細膩；口味則有一股巴黎大飯店獨有的高貴感。不管是厚薄一致的完美塔皮、酥脆的千層派皮、還是打發狀態與擠花都無可挑剔的香緹鮮奶油、乾淨俐落的蛋白霜，甚至是最新巴黎甜點潮流，在這裡都能找到。每次在寫甜點專欄，Camille的甜點都是我第一個想要拿來當範例的作品。

除了做甜點，Camille也很熱心參與台灣的法式甜點推廣，在各種法國名廚來台的講習會上總是會看到她的身影。有她擔任台法甜點界之間的橋梁，相信台灣的甜點發展也能越加蓬勃。

Info

網　　頁｜https://www.facebook.com/escapefromparis2015/
電　　話｜（02）2627-5232
地　　址｜台北市內湖區內湖路一段388號2樓
捷 運 站｜港墘站（1號文湖線）
營業時間｜Wed-Sun：12h30～19h
價　　位｜冷藏甜點：160～250元；飲料：90～200元（內用低消限制為一杯飲料）

1 美麗優雅的空間，由Camille和Christy姊妹倆一手打造。

2 這是台灣首見使用帕尼尼機烤出的波浪式千層派派皮，和巴黎最新創意同步。

3 「柚」柚子塔（左前）以水滴形的蛋白霜裝飾了一圈，像個小太陽。「金桔萊姆棉花塔」（左後）頂上的蛋白霜線條乾淨俐落。

4 「開心果櫻桃聖多諾黑」（左）與「香草聖多諾黑」（右）有著完美的香緹鮮奶油擠花。

珠寶櫃裡的璀璨
Pâtisserie Sadaharu AOKI Paris (Taiwan) 青木定治（台灣）

台北市中山區

這裡介紹的其他店家主廚都是我的好友，但Sadaharu AOKI青木定治主廚是所有到巴黎學藝的甜點師榜樣。他是第一位將亞洲元素如抹茶、紅豆、柚子、芝麻等帶入國際甜點舞台的甜點師，也是法國當代甜點發展史上不可忽略的一個人物，因此特地在本文中另花篇幅介紹。

我在第一章內簡短提到， 現今在巴黎擁有四家店面、日本六家、台灣兩家，儼然已是國際品牌的青木定治，主廚當初走上甜點這條路的過程也相當精彩。在接觸廚藝的過程中，某天偶然讀到法國甜點大師Lucien Peltier 的書，從此對甜點產生興趣，決定好好鑽研精進。既然要學，當然要到甜點王國的法國，而且要到巴黎！他經過清晨送牛奶、整天在甜點店工作、晚上再到酒吧打工到凌晨的刻苦生活，最後攢足積蓄，於1991年赴法。雖然一句法文都不會說，第一件事就是跑去Fauchon，希望能在那裡遇到當時的主廚Pierrer Hermé。沒有遇到大師，但Lucien Peltier的太太惜才，給了他許多店家的連絡方式，最後他進入Jean Millet 的甜點店，接著輾轉在各地開始既做甜點師、又做廚師的拼命工作。累積夠多的經驗之後，他決定開始參加國際比賽並屢屢奪牌，終於慢慢闖出名號。1998年他在巴黎七區的住家買了四個烤箱，開始做自己的甜點。美味的甜點成了開啟了成功大門的鑰匙，

●●●
1 豐富多彩的法式蛋糕與巴黎同步，其中「Bamboo」綠竹蛋糕是青木定治對法式經典甜點Opéra歌劇院蛋糕的日式詮釋，也是全法第一個使用抹茶入味的法式甜點。

2 玲瑯滿目、色彩繽紛的馬卡龍，其中最具特色的就是抹茶、焙茶、玄米茶，三種日式茶口味。

pâtisserie Sadaharu AOKI paris

Trio
迷情三重奏
NT 290

pâtisserie Sadaharu AOKI paris

Sensuelle
慾望佳人
NT 250

pâtisserie Sadaharu AOKI paris

Valencia
瓦倫西亞
NT 200

pâtisserie Sadaharu AOKI paris

Bamboo
綠竹蛋糕
NT 190

pâtisserie

Ch
巧

1

2

閃亮優雅的晶華酒店甜
點沙龍。

他開始供應許多巴黎的茶沙龍、旅館與餐廳，甚至是名牌服飾
如Kenzo、Chanel、Christine Dior等的雞尾酒會、筵席，最後
終於在2001年於Rue Vaugirard上開了自己的第一家店。

是在巴黎成名之後，青木主廚才回到家鄉日本開店、接著來到
台灣。身為最早來到台灣設點的高級法式甜點品牌之一，現在
青木定治也是少數繼續經營台灣市場的國際品牌。在晶華酒店
的地下二樓，有一個閃亮優雅不輸巴黎的甜點沙龍。芝麻、抹
茶、柚子、紅豆等元素台灣人絲毫不陌生，但青木定治的甜點
可觀之處，在於如何使用法式工藝呈現出這些元素的特質、並
毫不突梯地融入法式口味中，以及在不使用過多的裝飾下，呈
現甜點們優雅華麗的形象。相對於晶華酒店大廳和餐廳的繁
忙，這裡氣氛安靜悠閒，非常適合下午茶時間。

註：
1. Lucien Peltier也是法國名甜點師之一，曾在巴黎擁有同名甜點店（現已停業），
   當時相當知名。許多當代大師如擁有 M.O.F.（法國最佳工藝職人）頭銜的Arnauld
   Larher、Laurent Duchêne、以及擁有果醬女王稱號的Christine Ferber都曾經在他的
   門下工作。他也是La Pâtisserie des Rêves的甜點主廚Philippe Conticini非常尊敬的
   甜點師。
2. 1961年得到M.O.F.頭銜的知名甜點師，他的同名甜點店從1963年開幕至今一直非
   常受歡迎。在日本東京與橫濱也有分店。

Info

晶華酒店門市

網　　　頁｜http://www.sadaharuaokiparis.com.tw/
電　　　話｜(02) 2511-5000
地　　　址｜台北市中山區中山北路二段41號 B2樓
捷 運 站｜中山站（2號淡水信義線、3號松山新店線）
營業時間｜Mon-Sun：10h〜21h
價　　　位｜冷藏甜點：190〜290元；馬卡龍：90元；時尚彩妝巧克力：95元；
　　　　　　麵包：100〜300元；飲料：160〜210元；鹹食套餐：340〜380元

大直快閃店（僅提供取貨及外帶服務）

地　　　址｜台北市中山區樂群三路301號1樓
捷 運 站｜劍南路站（1號文湖線）
營業時間｜Mon-Fri：18h〜21h30／Sat-Sun：12h〜15h；18h〜21h30
價　　　位｜冷藏甜點：150〜200元；馬卡龍：90元；時尚彩妝巧克力：95元

用甜點，為你帶來幸福美好時光

Bonheur，Bonne Heure

隱藏在板橋中山路的小巷中、充滿法式風情的Bonheur，Bonne Heure，是好朋友Claire夫婦與兄嫂合開的法式甜點店。店名玩了法文的諧音與雙關，希望所有來到店裡的客人都能在這裡嘗到幸福（bonheur）的好滋味、以及度過一段美好時光（bonne heure）。

●●● ————
「Tabula Rosa」純淨香草塔與馬卡龍。滿桌精心製作的甜點與法國好茶，伴你度過幸福的美好時光。

Claire在進入藍帶學習之前，就對製作甜點非常有興趣，後來開始正式學習甜點之後，更不懈地在家反覆測試食譜、嘗試新創作。她在巴黎的Un Dimanche à Paris 與閃電泡芙專賣店l'Éclair de Génie 實習，學到了扎實的基本功與細膩的手法、再加上自

己在巴黎多年養得的精準味蕾，店裡的每一款產品都是經過縝密思考、反覆測試，從外觀到口味、口感皆常有脫俗之作。

Bonheur，Bonne Heure的招牌商品是三款各有特色的檸檬塔。Claire重新思考傳統檸檬塔的元素再創作出來的「綠洲」有著優雅的長條外型，共有四層，味道溫柔細緻、口感立體、令人驚豔。同樣是長條形的「綠光」檸檬塔，則使用綠檸檬與椰子慕斯的搭配，非常清爽適合夏天。「白色空間」檸檬塔則捨棄了一般蛋白霜裝飾常見的雨滴造型、轉而使用長條形，然後不嫌麻煩地依照塔的寬度切出不同的長度、一根一根擺放上去。最後再使用自家製台灣百香果醬、以及檸檬皮屑裝飾、增添香氣。

馬卡龍與巧克力閃電泡芙也是Claire的得意之作，她與團隊總是直到半夜還在廚房裡頂著高溫，測試閃電泡芙鏡面的溫度、黏稠度、亮度；馬卡龍則經歷無限多次的實驗，一直到口感與香氣都調整到和巴黎水準相同才拿出來販售。

Claire與Pierre夫婦都是非常溫暖纖細的人，在我剛到巴黎的時候就伸出援手。後來我們也經常交換實習工作的酸甜苦辣。那些辛苦與巴黎的生活點滴如今都變成了養份，持續地滋潤著他們如今不輟的甜點創作及每日的工作。開甜點店從來就不只是實現夢想、也不是在糖和奶油的夢幻氛圍中輕鬆變魔術，而是怎麼在日常不斷的重複勞動裡找到繼續的動力、在堅持中看到持續進步的可能；不忘記甜點帶給自己快樂的初心、以及和更多人分享的快樂。

Info

網　　頁	｜	https://www.facebook.com/bonheurbonneheure/
電　　話	｜	（02）2963-3029
地　　址	｜	新北市板橋區中山路一段206巷56號
捷 運 站	｜	板橋站（5號板南線）
營業時間	｜	Wed-Sun：14h〜18h30
價　　位	｜	冷藏甜點：170〜220元；飲料：110〜160元（內用低消限制為一個甜點或一杯飲料）

1 有著閃亮鏡面淋醬、不負「閃電」之名的巧克力與焦糖閃電泡芙，是不畏辛苦、頂著高溫測試的成品。

2 店內有從法國帶回的留聲機造型復古唱片機，也陳列許多法國名甜點師的著作。

3 店內的招牌之一「綠洲」檸檬塔，是主廚Claire解構傳統檸檬塔再重新創作的長條形檸檬塔。做法費工、口味細緻。

4 歷經多次失敗才實驗成功的馬卡龍（前）與口感濃郁的「牧神的午後」（後）百香果起司泡芙。

5 特地訂製，且經過刷舊上鏽處理的店招牌，呈現經時光掏洗的法式優雅。

結合在地元素，玩轉法式甜點

Jouons Ensemble Pâtisserie
稻町森法式甜點舖

就在板橋愛買的正後方，稻町森是兩個年輕女孩的夢工廠、也是板橋街坊最愛的甜點店。從店名的選擇是台語的「一起玩」諧音，就可以看出歡樂的氣氛。這裡的甜點和前面幾家或優雅或華麗的風格不同，外型簡單乾淨，但創作概念充滿少女風的玩心巧思。雖說甜點與文案風格歡鬧可愛，但Pia和Debbie兩位主廚面對工作還是非常認真嚴肅，所有的甜點在發想之後，都經過一再的測試與評估，直到過了自己這一關才拿出來面對愛護她們的客人。她們在廚房裡態度輕鬆、但手勢俐落、眼神專注；臉上充滿笑容，但心態永遠兢兢業業。

Pia和Debbie的甜點作品融入非常多台灣在地元素，然而法式甜點的基本功一個也沒少。「在地欵」這個甜點使用濕潤的抹茶法式杏仁海綿蛋糕（biscuit joconde au thé matcha）包裹紅心芭樂奶餡，中心是櫻桃覆盆子白蘭地白乳酪慕斯，頂端再加上酸香夠味的莓果軟凍，每一個元素都吃得出扎實的技巧及經過反覆思考的用心。新品「東加女士」採用了在台灣少見的東加豆，外層的咖啡慕斯柔和了東加豆較強烈的香氣、並增添了層次變化，再加上黑糖龍眼乾達克瓦茲蛋糕以及最下層的榛果可可脆片，醇厚、具有深度的甜味讓整個作品充滿了圓潤成熟的風韻。而我甚至還沒說到那個層次井然、平整美麗無比的千層派！

Debbie 和Pia是Tim及Winnie的同學，我還記得那時候最愛看他們四人歡樂的組合。我們曾經一起在聖誕節時交換禮物、每小時切不同的聖誕蛋糕慶祝。四人在Tim家客廳巨型懶骨頭跳上跳下的場景還歷歷在目，如今見到他們說起甜點仍然和以前一樣充滿歡笑與熱情、但已紛紛成為沉穩的大廚，一方面覺得自己參與了某段重要的歷史、另一方面也深深地期待他們將為台灣甜點市場帶來的精彩面貌。

● ● ● ────
1 千層派（左）派皮酥脆、層次井然，有如甜點範本一般完美。「在雪上耍寶」（右）貓頭鷹外型的蒙布朗則不嫌麻煩地使用了高難度技巧，將糖漬栗子泥擀成薄片，包覆在焙茶白乳酪慕斯上，口味也非常清新脫俗。中間的「東加女士」優雅地呈現了東加豆的特殊香氣。

2 稻町森是深受板橋街坊喜愛的甜點店，氣氛親和友善。

3「在地欵」將台灣的紅心芭樂融入了扎實的法式甜點技巧中，口味新奇，令人捨不得吃完。

Info

網　　頁│https://www.facebook.com/jouonsensemblepa/
電　　話│（02）2958-8806
地　　址│新北市板橋區貴興路86號
捷 運 站│亞東醫院站（5號板南線）
營業時間│Wed-Mon：13h～19h
價　　位│冷藏甜點：90～220元；飲料：100～160元

巴黎甜點師Ying
的私房尋味

甜點咖啡、潮流美食，推薦
給巴黎初心者的16條最佳
散步路線

作　　　者	Ying C.	
編　　　輯	邱昌昊	
美術設計	何仙玲	
地圖繪製	蔣文欣	
校　　　對	羅德禎、翁瑞祐	
	黃馨慧、鄭婷尹	

發　行　人　程顯灝
總　編　輯　呂增娣
主　　　編　翁瑞祐、羅德禎
編　　　輯　鄭婷尹、邱昌昊、黃馨慧
美術主編　吳怡嫻
資深美編　劉錦堂
美術編輯　侯心苹
行銷總監　呂增慧
資深行銷　謝儀方
行銷企劃　李承恩、程佳英

發　行　部　侯莉莉
財　務　部　許麗娟、陳美齡
印　　　務　許丁財
出　版　者　四塊玉文創有限公司

總　代　理　三友圖書有限公司
地　　　址　106台北市安和路2段213號4樓
電　　　話　(02) 2377-4155
傳　　　真　(02) 2377-4355
E-mail　service@sanyau.com.tw
郵政劃撥　05844889 三友圖書有限公司

總　經　銷　大和書報圖書股份有限公司
地　　　址　新北市新莊區五工五路2號
電　　　話　(02) 8990-2588
傳　　　真　(02) 2299-7900

製版印刷　卡樂彩色製版印刷有限公司
初　　　版　2016年12月
定　　　價　新臺幣380元

ISBN　978-986-5661-96-0(平裝)

http://www.ju-zi.com.tw

三友圖書
友直 友諒 友多聞

國家圖書館出版品預行編目 (CIP) 資料

巴黎甜點師Ying的私房尋味：甜點咖啡、潮流
美食，推薦給巴黎初心者的16條最佳散步路線
/ Ying C.作. -- 初版. -- 臺北市： 四塊玉文創,
2016.12
　　面；　公分
ISBN 978-986-5661-96-0(平裝)
1.旅遊 2.法國巴黎
742.719　　　　　　　　　　　105022129

發現世界的美好

100家東京甜點店朝聖之旅：漫遊東京的甜點地圖

daruma 著／定價 420元

去東京，不吃甜點就太可惜了！本書蒐羅在日本東京的100家甜點專賣店，帶你走遍大街小巷的老舖新店，品嚐甜點，拜訪職人，體驗不一樣的朝聖之旅！

女孩們的東京漫步地圖

沈星曈 著／定價 240元

旅行，可以很日常！文具與器皿、雜貨與書、美食咖啡……五十處內行人才知道的東京風格店舖，感受生活中的創意與美好，邀你一同踏上這趟東京文創之旅。

倫敦樂遊：暢遊英倫不能錯過的100個吃喝買逛潮夯好點

李慧實 著／沈希臻 譯
定價 350元

如果你追求不同凡俗的流行時尚、嚮往優雅迷人的英式風格，那你一定不能錯過這本書。100個最值得推薦，好吃、好買、好逛、好看的潮夯好點，完整體驗專屬倫敦的城市魅力！

倫敦地鐵購物遊：5大區人氣商圈x300家精選好店，時尚達人帶你走跳倫敦

蔡志良 著／定價 450元

究竟什麼是英倫時尚？又該如何抓住折扣良機？就讓倫敦旅遊達人告訴你！搭乘地鐵，穿梭夢幻倫敦，從時尚精品、街巷美食到創意小店，精選300家特色好店，帶你樂遊倫敦Easy購！

曼谷。午茶輕旅行：走訪30家曼谷人氣咖啡館

莊馨云、鄭雅綺 著
定價 260元

曼谷不僅有捷運、地鐵交通便利，還有許多的日常設計，多種風情的咖啡館，本書帶領讀者造訪內行人才知道的好味道，蒐羅曼谷最經典、最有趣、最浪漫的咖啡風情！

翻轉旅程：不一樣的世界遺產之旅

馬繼康 著／定價 370元

跟著旅遊達人馬繼康，深度探訪各地世界遺產，讓他用最溫柔善解的旅行思維，帶你重新發現世界遺產的意義與價值，翻轉你過往的刻板印象，也翻轉你的人生旅程！

EAU THERMALE 雅

Avène 漾

呵護敏弱
完美修護

EAU THERMALE
Avène

Crème
peaux intolérantes
Skin recovery cream

Apaisante, protectrice
Soothing, protecting

Peaux hypersensibles
et irritables

For hypersensitive and irritable skin

HYPOALLERGENIQUE · NON COMEDOGENE

PARIS

50 ml e /1.69 FL.OZ.

雅漾 舒敏修護保濕精華乳

[獨家PARCERINE防禦因子＋無菌護膚科技] 雙專利

徹底防禦·實現健康肌膚

敏弱肌膚適用

Pierre Fabre

統一藥品股份有限公司
PRESIDENT PHARMACEUTICAL CORP. 北市衛粧廣字第105090484號

地址： 縣/市　　　鄉/鎮/市/區　　　路/街

　　　　段　　巷　　弄　　號　　樓

三友圖書有限公司　收
SANYAU PUBLISHING CO., LTD.

106　　台北市安和路2段213號4樓

三友圖書
讀書俱樂部

購買《巴黎甜點師Ying的私房尋味》的讀者有福啦！
只要詳細填寫背面問券，並寄回三友圖書，即有機會
獲得Umade公司獨家贊助好禮

活動期限至**2017**年**2**月**13**日止．
詳情請見回函內容
本回函影印無效

UMap世界地圖
市價1580元（共四名）
（抽獎贈品無客製文字之服務）

親愛的讀者：
感謝您購買《巴黎甜點師Ying的私房尋味》一書，為回饋您對本書的支持與愛護，只要填妥本回函，並於2017年2月13日前寄回本社（以郵戳為憑），即有機會參加抽獎活動，得到「UMap世界地圖」（共四名）。

姓名＿＿＿＿＿＿＿＿＿＿＿＿＿＿＿＿＿＿ 出生年月日＿＿＿＿＿＿＿＿＿＿＿
電話＿＿＿＿＿＿＿＿＿＿＿＿＿＿＿＿＿ E-mail＿＿＿＿＿＿＿＿＿＿＿＿＿＿
通訊地址＿＿＿＿＿＿＿＿＿＿＿＿＿＿＿＿＿＿＿＿＿＿＿＿＿＿＿＿＿＿＿＿
臉書帳號＿＿＿＿＿＿＿＿＿＿＿＿＿＿＿＿＿＿＿＿＿＿＿＿＿＿＿＿＿＿＿＿
部落格名稱＿＿＿＿＿＿＿＿＿＿＿＿＿＿＿＿＿＿＿＿＿＿＿＿＿＿＿＿＿＿＿

1 年齡
□ 18 歲以下　　□ 19 歲～ 25 歲　□ 26 歲～ 35 歲　□ 36 歲～ 45 歲　□ 46 歲～ 55 歲
□ 56 歲～ 65 歲　□ 66 歲～ 75 歲　□ 76 歲～ 85 歲　□ 86 歲以上

2 職業
□軍公教 □工 □商 □自由業 □服務業 □農林漁牧業 □家管 □學生
□其他＿＿＿＿＿＿＿＿＿＿

3 您從何處購得本書？
□博客來　□金石堂網書　□讀冊　□誠品網書　□其他＿＿＿＿＿＿＿＿＿＿＿
□實體書店＿＿＿＿＿＿＿＿＿＿＿＿＿＿＿＿＿＿＿＿＿＿＿＿＿＿＿＿＿

4 您從何處得知本書？
□博客來　□金石堂網書　□讀冊　□誠品網書　□其他＿＿＿＿＿＿＿＿
□實體書店＿＿＿＿＿＿＿＿＿　□ FB（微胖男女粉絲團 - 三友圖書）＿＿＿＿＿＿＿
□三友圖書電子報　□好好刊（季刊）　□朋友推薦　□廣播媒體

5 您購買本書的因素有哪些？（可複選）
□作者 □內容 □圖片 □版面編排 □其他＿＿＿＿＿＿＿＿＿＿＿＿＿＿＿＿

6 您覺得本書的封面設計如何？
□非常滿意 □滿意 □普通 □很差 □其他＿＿＿＿＿＿＿＿＿＿＿＿＿

7 非常感謝您購買此書，您還對哪些主題有興趣？（可複選）
□中西食譜　□點心烘焙　□飲品類　□旅遊　□養生保健　□瘦身美妝 □手作　□寵物
□商業理財　□心靈療癒　□小說　　□其他＿＿＿＿＿＿＿＿＿＿＿＿＿＿＿＿

8 您每個月的購書預算為多少金額？
□ 1,000 元以下　　□ 1,001 ～ 2,000 元□ 2,001 ～ 3,000 元□ 3,001 ～ 4,000 元
□ 4,001 ～ 5,000 元□ 5,001 元以上

9 若出版的書籍搭配贈品活動，您比較喜歡哪一類型的贈品？（可選 2 種）
□食品調味類　　　□鍋具類 □家電用品類　　□書籍類 □生活用品類　　□ DIY 手作類
□交通票券類　　　□展演活動票券類 □其他＿＿＿＿＿＿＿＿＿＿＿＿＿＿

10 您認為本書尚需改進之處？以及對我們的意見？
＿＿＿＿＿＿＿＿＿＿＿＿＿＿＿＿＿＿＿＿＿＿＿＿＿＿＿＿＿＿＿＿＿＿＿＿

本回函得獎名單公布相關資訊
得獎名單抽出日期：2017年2月27日
得獎名單公布於：
臉書「微胖男女編輯社-三友圖書」：https://www.facebook.com/comehomelife/
痞客邦「微胖男女編輯社-三友圖書」：http://sanyau888.pixnet.net/blog

感謝您的填寫，
您寶貴的建議是我們進步的動力！

《巴黎甜點師 Ying 的私房尋味》Coupon 券

Quelques Pâtisseries
某某·甜點

優惠內容：
憑此券至Quelques Pâtisseries 某某。甜點消費任何法式甜點，金額滿390元送常溫點心（品項隨機）

使用期限：至106年5月31日止
使用地點：台北市大安區安和路一段102巷23號
營業時間：週三至週日下午1：00至晚上7：00
聯絡電話：（02）2755-4097

《巴黎甜點師Ying的私房尋味》四塊玉文創 出版

WUnique Pâtisserie
無二法式甜點

優惠內容：
憑此券至WUnique Pâtisserie 無二法式甜點購買2入冷藏甜品，可獲贈當日小點心乙份

使用期限：至106年5月31日止
使用地點：台北市大安區安和路二段184巷10號1樓
營業時間：週四至週一中午12：00至晚上7：00
聯絡電話：（02）2737-1707

《巴黎甜點師Ying的私房尋味》四塊玉文創 出版

Escape from Paris
芙芙法式甜點

優惠內容：
憑此券至Escape from Paris芙芙法式甜點，凡消費一份冷藏櫃甜點，即贈送一份當日常溫小點心
（一人限一份，以當日點心種類為主）

使用期限：至106年5月31日止
使用期限：台北市內湖區內湖路一段388號2樓
營業時間：週三至週日中午12：30至晚上7：00
聯絡電話：（02）2627-5232

《巴黎甜點師Ying的私房尋味》四塊玉文創 出版

Bonheur，Bonne Heure

優惠內容：
憑此券至Bonheur，Bonne Heure消費可享茶飲8折優惠

使用期限：至106年3月31日止
使用地點：新北市板橋區中山路一段206巷56號
營業時間：週三至週日下午2：00至晚上6：30
（106年2月起營業時間可能有異動，以店家公佈日期為主）
聯絡電話：（02）2963-3029

《巴黎甜點師Ying的私房尋味》四塊玉文創 出版

Jouons Ensemble
Pâtisserie 稻町森法式甜點舖

優惠內容：
憑此券至Jouons Ensemble Pâtisserie稻町森法式甜點舖消費，即可兌換當日限定常溫點心乙份

使用期限：至106年5月31日止
使用地點：新北市板橋區貴興路86號
營業時間：週三至週一下午1：00至晚上7：00（週二公休）
聯絡電話：（02）2958-8806

《巴黎甜點師Ying的私房尋味》四塊玉文創 出版

日式甜點　折田菓舖

優惠內容：
憑此券至日式甜點　折田菓舖內用消費滿300元，即送一個燒菓子。

使用期限：至106年5月31日止
使用地點：台北市大安區仁愛路三段123巷6號
營業時間：週二至週日下午1：00至晚上7：00（週一公休）
聯絡電話：（02）2721-6350、0989-210-507

《巴黎甜點師Ying的私房尋味》四塊玉文創 出版

《巴黎甜點師 Ying 的私房尋味》Coupon 券

注意事項

此券優惠限使用乙次，不得複印。

《巴黎甜點師Ying的私房尋味》四塊玉文創 出版

注意事項

此券優惠限使用乙次，不得複印。
如當日數量兌換完畢，須再擇日使用。

《巴黎甜點師Ying的私房尋味》四塊玉文創 出版

注意事項

此券優惠限使用乙次，不得複印。

《巴黎甜點師Ying的私房尋味》四塊玉文創 出版

注意事項

此券優惠限使用乙次，不得複印。
此卷一人限使用乙次，無法多人合用。
店家保留當日點心種類之權利。

《巴黎甜點師Ying的私房尋味》四塊玉文創 出版

注意事項

此券優惠限使用乙次，不得複印。
店家保留當日點心種類之權利。
此券一人限使用一次，無法多人合用。

《巴黎甜點師Ying的私房尋味》四塊玉文創 出版

注意事項

此券優惠限使用乙次，不得複印。

《巴黎甜點師Ying的私房尋味》四塊玉文創 出版